中国近代新闻学名著系列丛书

芮必峰◎主编

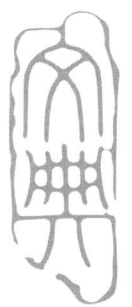

现代新闻学概论

—— 储玉坤◎著 ——

中国传媒大学出版社
·北京·

出版说明

本丛书整理再版了近代在中国用中文出版的经典新闻学著作，所涉及的图书既有专著、教材，也有译著，全面涵盖了新闻学理论、新闻业务、新闻史等领域，成书年份前后跨越40年。在这40年间，中国的新闻学科从无到有、从借鉴到创新，成就巨大。对这些著作的再次出版，为研究中国近代新闻学提供了珍贵的史料，绘制了中国近代新闻学的全景，度量了中国近代新闻学的厚度，填补了该领域空白，也为纪念中国新闻学诞生100周年献上了一份厚礼。

我们请中国人民大学新闻学院教授、博士生导师，广西大学新闻传播学院院长，教育部社会科学委员会委员兼新闻传播学科召集人郑保卫，及中国传媒大学传播研究院院长、教授、博士生导师，中央实施马克思主义理论研究和建设工程新闻学首席专家雷跃捷对本丛书的内容进行了审定，并根据专家的意见进行了修改。在此对两位专家所付出的辛勤劳动表示衷心感谢。

由于历史原因，本丛书中的个别图书存在一些问题，为保存历史原貌，为研究者提供一手的参考资料，影印时均基本保持其原貌，未作大的删改，希望读者结合当时的历史条件和历史环境，对其中的观点进行批判性借鉴。原书中存在一些错别字、漏字和排版错误，我们在影印时均未做改动，敬请读者注意。

由于原书出版年代久远，本丛书中的许多书籍难觅其踪，存世数量稀少，版权状况极其复杂。为了保证本丛书的学术性和完整性，我们将具有价值的图书先行选入其中，进行了抢救性发掘，力图保存中国新闻史珍贵的历史资料。版权所有人若有异议，请及时与我们联系。

为更好地体现中国近代新闻学的发展脉络，本丛书特别收录了欧美学者休曼的《实用新闻学》、斯蒂德的《新闻学的理论与实际》；日本学者松本君平的《新闻学》、后藤武男的《新闻纸研究》、杉村广太郎的《新闻概论》。当年这些书的出版对中国近代新闻学具有一定的借鉴意义。

本丛书为影印制作，成书清晰度由原书决定，由于出版年代久远，受当时生产力水平及制作方法限制，难免会存在一些缺陷，敬请读者谅解。

中国传媒大学出版社

总　序

如果从1903年商务印书馆编译出版日本人松本君平的《新闻学》算起，中国的新闻学已有115年历史[①]。如果从1918年北大新闻研究会建立，徐宝璜开办新闻学讲座算起，中国新闻学教育和研究迄今正好100年历史。我们搜集整理了清末至民国期间一些有代表性的新闻学书籍，希望借此重现早期中国近代新闻学的本来面貌，反映我国新闻学发展的历史脉络，我们认为，这对中国新闻学术、教育史研究以及中国近现代思想史研究都是很有意义的。

从1903年到1949年9月的40多年间，我国公开出版和内部印行的新闻学书籍，包括专著、教材、论文集、资料汇编、参考工具书等，约468种之多。[②]它们集中反映了我国新闻学的历史发展轨迹。然而，由于多种原因，这些书籍除了几本曾被重印出版外，大多已经是“只闻其名、难觅其踪”，这对我国新闻学研究不能不说是一个遗憾。

本丛书在梳理1903—1949年间出版的有代表性的新闻学书籍的基础上，精选了50部著作，校订注释，编纂再版，也算对这一遗憾的弥补。

从我们挑选的这50部新闻学书籍来看，中国早期新闻学的发展有三个鲜明的特点：

一、中国早期新闻学的发展与中国社会发展，尤其与国家民族利益息息相关

40多年间，中国新闻学从近乎空白到勃然而兴，这与中国社会的动荡、变

---

① 黄天鹏回顾新闻运动时说：“有清光绪二十八年，商务印书馆刊行《新闻学》一书，为我国人知有新闻学之始，原书为日人松本君平所著……”资料来源：黄天鹏．新闻运动之回顾［A］．黄天鹏．新闻学名论集［C］．上海：上海联合书店，1929．

② 林德海，等．中国新闻学书目大全1903—1987［M］．北京：新华出版社，1989．

革休戚相关。西方新闻学是现代化的产物，最早形成于19世纪末20世纪初。1901年，“新闻学”一词首见于中文报章①，但直到民国前夕，国人对于“新闻有学乎”尚存疑，认为报社就是新闻人才的“养成所”。至1912年上海报业俱进会以“吾国报业之不发达……其最大原因，则为无专门之人才”②为由，号召组织报业学堂，培养报业专门人才。不难看出，此时新闻界亦将新闻学视为办报之“技”。至1918年邵飘萍为徐宝璜《新闻学》作序仍“窃叹我国新闻界人才之寥落，良由无人以新闻为一学科而研究之者”③。黄天鹏把1903年至1918年新闻学研究会建立之前的十余年视为中国新闻学的启蒙期。④

1918年，随着以启蒙为目标的新文化运动愈演愈烈，新思潮涌入国门，“新学”“西学”站在旧传统的对立面被学界关注，新闻学思想也不例外。作为公学之首和新文化运动中心的北京大学率先开办新闻学研究会，力证了“新闻学”存在的正当性；徐宝璜《新闻学》一书问世，成为中国新闻学理论的奠基之作。新闻学教育兴起，新闻学研究著作渐盛，待到北伐前夕，中国新闻学从学理上和实践上俱已建立起来。

新文化运动后期，马克思主义传入中国，资本主义文明逐渐“祛魅”。之后的大萧条使得西方国家的痼疾暴露无遗，曾经“理想之彼方”的西方报业也难以幸免。在这一时代背景下，如何建立“吾国之报业”成为新闻学研究的热点，围绕这一热点，一方面，关于中外新闻理论、新闻事业、新闻业务的著作日益涌现；另一方面，军阀对于激进言论的暴力摧残，又引发了新闻人对于言论自由的论争。20世纪20年代的中国新闻学呈现百家争鸣之势。

“在这言论自由纷争之际，也有若干论调，认为新闻纸不过是一种政治宣传的工具，在新闻学方面也唱过所谓社会主义的新闻理论，不过这种论调没有完成，当头的国难已把这种理论粉碎。”⑤“九一八”事变后，面对空前的民族危机，“国家至上、民族至上”成为国论，报业成为勾连与动员社会的渠道和网络，

---

① 梁启超．本馆第一百册祝辞并论报馆之责任及本馆之经历［J］．清议报，1901（100）：1-8.

② 戈公振．中国报学史［M］．上海：上海书店，1989：278.

③ 徐宝璜．新闻学［M］．长春：时代文艺出版社，2009：7.

④ 黄天鹏．四十年来中国新闻学之演进［M］//龙伟，任羽中，王晓安，何林，吴浩．民国新闻教育史料选辑．北京：北京大学出版社，2010：149.（以下征引本书时，一律简注为《民国新闻教育史料选辑》。）黄天鹏在此文中提出他对于1903年到战事结束的40余年间中国新闻学发展阶段的划分，原载《中国新闻学会年刊》第1期，1942年9月。

⑤ 黄天鹏．四十年来中国新闻学之演进［M］//民国新闻教育史料选辑．北京：北京大学出版社，2010：161.

致力于推动“舆论统一”。直到全面抗战中期之前，以战争宣传动员为主要研究目标的“战时新闻学”都是新闻学研究的热点。

1943—1949年中华人民共和国成立前夕，随着战争形势的转变，抗日战争已现胜利的曙光，中国新闻学人开始构想新闻业的未来。萨空了[①]于1943年开始着手书写《科学的新闻学概论》，旨在提醒新闻人应“鉴于美英的前车”[②]，避免报纸“为大财阀资本家所独占”[③]，“积极地设法使报纸成为大多数民众自己的相互报道消息、提供意见的工具”[④]。

二、中国新闻学是“西学东渐”的产物，中国早期新闻学人大多具备西学背景

“西学东渐”的内在精神是中体西用。在“用”的招牌下，西学大量涌入。中国新闻学直接引自日本和美国。首先，中国最早的新闻学译著分别为1903年商务印书馆编辑出版的松本君平的《新闻学》和1913年美国记者休曼著、史青编译的《实用新闻学》。前者成为中国新闻学的开端，而后者作为美国第一本新闻教育著作，“提供采访编辑各种实际问题的解决方案”[⑤]，也奠定了中国新闻人对于新闻教育之作用的基本构想。

早期中国新闻学人大多具备留美留日的求学背景。徐宝璜曾于美国密歇根大学修习经济学与新闻学，其《新闻学》（1919）的参考文献包括在美国出版的图书23种、在英国出版的图书7种，印证了时任北大校长蔡元培所言，“新闻学之取资，以美为最便矣”[⑥]。任白涛求学日本早稻田大学政治经济学系时，加入了《朝日新闻》名记者杉村楚人冠等筹建的“大日本新闻学会”[⑦]，《应用新闻学》

---

① 萨空了（1907—1988）四川成都人，蒙古族，笔名了了、艾秋飚，记者、主编、新闻学家。1927年任《北京晚报》《世界日报》编辑记者、《世界画报》总编辑。曾任教民国学院新闻系、北京新闻专科学校。1935年任上海《立报》副刊主编、总编辑兼经理。中华人民共和国成立后任中央人民政府新闻总署副署长兼新闻摄影局局长、出版总署副署长、全国政协副秘书长兼《人民政协报》总编辑等职。负责主编《中国大百科全书·新闻出版》卷，著有《科学的新闻学概论》《科学的艺术概论》《宣传心理研究》等。

② 萨空了．科学的新闻学概论［M］．香港：文化供应社，1946：36.

③ 萨空了．科学的新闻学概论［M］．香港：文化供应社，1946：36.

④ 萨空了．科学的新闻学概论［M］．香港：文化供应社，1946：36.

⑤ 黄天鹏．四十年来中国新闻学之演进［M］//龙伟，任羽中，王晓安，何林，吴浩．民国新闻教育史料选辑，北京：北京大学出版社，2010：157.

⑥ 邓绍根．中国新闻学的筚路蓝缕：北京大学新闻学研究会［M］．北京：清华大学出版社，2015：228.

⑦ 1915年《朝日新闻》的杉村楚人冠等在庆应义塾大学创办“新闻研究会”并讲授课程，后根据该讲义出版了《最近新闻纸学》（1918）。其时，杉村楚人冠还兼任“大日本新闻学会”的筹建者与学会新闻讲座讲师。

（1922）正是仿照杉村楚人冠《最近新闻纸学》一书体例所做。[①]邵飘萍的《实际应用新闻学》（1923）亦参考了《最近新闻纸学》。[②]杉村楚人冠深受美、德新闻思想熏陶，美、日、德的新闻思想因故才传到中国。

事实上，正是留美、留日学生群体的新闻学著述构建起了中国早期新闻学的基本框架。仅本丛书所涉国内著（编）者30人中，剔除资料不详者3人，有留学经历者共计15人。其中留美5人：徐宝璜、伍超、赵敏恒[③]、戈公振[④]、曹用先[⑤]；留日8人：吴定九[⑥]、邵飘萍、黄天鹏、任白涛、张友渔[⑦]、谢六逸、袁殊[⑧]、王文萱[⑨]；

① 周光明．近代新闻史论稿［M］．北京：社会科学文献出版社，2014：276.

② 方晓红．中国新闻简史［M］．南京：南京师范大学出版社，1996：122.

③ 赵敏恒（1904—1961），记者、新闻学教授。早年就读于清华大学，1923年起先后于美国科罗拉多大学文学院、密苏里大学新闻学院、哥伦比亚大学新闻学院攻读英国文学和新闻学，并获新闻学硕士学位。1925年起在纽约环球通讯社当编辑。1927年回国，在国民政府外交部情报处短暂工作后加入路透社。1945年10月任《新闻报》总编，兼任复旦大学新闻学教授。

④ 留学两个及两个以上国家的，按其留学的第一个国家计。

⑤ 曹用先，女，宁波人，天津南开大学社会科毕业。1926年与未婚夫查良鉴自南开大学毕业后，同赴密歇根大学留学，1930年在该校安娜堡完婚。硕士毕业后回国，曾就职于上海商务印书馆编辑所并任教于大夏大学，1949年与查赴台，1951年4月病逝于台湾。

⑥ 吴定九（1890—1930），名鼎，字定九，嘉定人。著名报人，《京报》元勋之一，著有《新闻事业经营法》。公派赴日本名古屋学习土木工程时，与在东京政法学校读书的邵飘萍成为密友。1923年9月，私立北京平民大学设立报学系，时任京报社经理的吴定九担任教授并讲授专业课程“新闻经营法”。

⑦ 张友渔（1898—1992），原名张象鼎，字友彝，又名张忧虞，山西灵石人。法学家、政治学家、新闻学家。先后求学于山西第一师范学校，国立北平法政大学法律系。1927年任《国民晚报》社长兼总编辑。同年加入中国共产党，任中共北平市委委员兼秘书长。1930年赴日留学。“九一八”事变后回国任《世界日报》主笔及燕京大学、中国大学、民国大学、中法大学、北平大学法商学院教授，讲授宪法学、劳动法学、新闻学和日本问题。1943年起在重庆任中共南方局文委秘书长、《新华日报》社论委员会委员、中共重庆工作委员会候补委员兼政策研究室副主任、《新华日报》代总编辑等职。

⑧ 袁殊（1911—1987），中共谍报人员、记者、新闻学者。早年赴日攻读新闻学、东洋史。曾创办上海自修大学并设新闻专科。1931年3月创办的《文艺新闻》，最早揭露了左联五烈士被害的消息。1932年任新声通讯社记者，经潘汉年引介加入共产党。1942年卧底敌伪报纸《新中国报》，1945年10月转移到苏北解放区；1949年调入中央情报部门。著《记者道》《学校新闻讲话》《新闻大王赫斯特》等书；译《新闻法制论》等。

⑨ 王文萱，曾留学日本，1930年5月翻译杉村广太郎的《新闻概论》。1942年国立社会教育学院新闻系成立，王文萱在该系教授新闻业务课程。1947年年初，李宗仁授意萧一山在北平创办《经世日报》作为喉舌，任命王文萱、蓝文澄两位教授为主笔。

旅欧2人为胡愈之和储玉坤[①]（详情见表）。这些涉足新闻学研究的归国留学生兼容并蓄，汲取美、日、德等国新闻理论和马克思主义新闻思想的精华，进行本土化改良，亦从侧面反映出中国新闻学的理论来源。

三、中国早期新闻学人往往兼新闻实践、新闻教育、新闻研究于一身

1918年，北京大学新闻学研究会成立，徐宝璜负责讲授新闻学知识。他结合自身从业经验，参考欧美新闻学书目，形成课程讲义；再结合讲课心得，不断完善新闻学理论。1919年，国人自撰的第一本新闻学专著《新闻学》最终成书。徐在自序中细陈写书修书之过程："新闻学乃近世青年学问之一种，尚在发育时期。余对于斯学，虽曾稍事涉猎，然并无系统之研究。客岁蔡校长设立新闻学研究会，命余主任其事，并兼任导师。余乃于暑假中，正式加以研究，就所得著《新闻学大意》一篇，以为开会后讲演之用。……开会后，余继续研究，加以会员之质疑问难，时有心得，遂将原稿加以修改，成第二次之稿……"[②]显然，"曾稍事涉猎"指其曾经担任《晨报》主笔的工作经历。早期中国新闻学人兼具从业经验和新闻学教学经验者多会总结实践经验、丰富新闻理论、著书立说、传道授业，这种情况并不鲜见。

从早期新闻学著作的作者（编者）身份来看：本丛书涉及国内著（编）者30人，除李公凡、刘元钊和鲁风三人身份不详，仅蒋国珍[③]、项士元[④]二人没有明确的新闻从业经验。而在这25人中，更有20人兼具从业经历与从教经历。新闻学人大多具有新闻从业经历，学术研究、传承活动与新闻实践密不可分（详

---

① 储玉坤，1912年生，江苏宜兴人，笔名雨君、储华。1937年中央政治学校大学部新闻学及国际政治专业毕业。1938年1月任《文汇报》编辑兼社论撰述者；1938年5月担任《文汇报》法国哈瓦斯分社编辑；抗战胜利后，任《文汇报》总主笔。1946年5月转任《申报》主笔和法国新闻社远东分社中文部主任，兼任中国新闻专科学校教务长和沪江大学新闻系教授。著有《现代新闻学概论》《第二次世界大战史》《美国经济》。

② 邓绍根，中国新闻学的筚路蓝缕［M］. 北京：清华大学出版社，2015：244.

③ 蒋国珍出生于1896年，江苏溧阳人，做过学生运动领袖、国民党党员、教育工作者、政府职员、银行经理。曾加入上海学生运动，代表上海全国各界联合会、全国学生联合会、上海各界联合会、学生联合会四团体发声。虞文俊认为其传世的《中国新闻发达史》翻译自日本人伊藤武雄的《中国新闻发达史》，即蒋国珍应为此书的译者而非著者。

④ 项士元（1887—1959），佛教居士、学者。原名元勋，号慈圆，又号石槎。浙江临海人，通日、英、德、梵、俄文，一生佛学著作等身。25岁毕业于杭州府中学堂，后办私立小学和赤城初级师范，兼任各校教师；捐资并赠书创办了临海图书馆。项士元长期辗转江浙等地从事教育、新闻和史志方面的研究工作。中华人民共和国成立后主持台州文管会，任浙江省文史馆馆员。所著《浙江新闻史》是中国最早的新闻史之一。

见表1[①])。

从新闻学著作本身来看，许多民国新闻学书籍正是新闻实践和新闻教育的直接产物：国人自撰的第一部新闻采访学专著——《实际应用新闻学》根据邵飘萍在北京大学新闻学研究会和平民大学新闻系的讲稿所著，《新闻学总论》一书则根据邵氏国立政法大学的新闻学讲义整理而成；周孝庵[②]根据自己在复旦大学的新闻学讲义编著了《最新实验新闻学》；郭步陶[③]的《本国新闻事业》是上海市私立申报新闻函授学校讲义之十一；而《新闻学的基础知识》本就是中美日报读讯会[④]为新闻学自修者所出版的教材《实用新闻学讲义》之一；储玉坤的《现代新闻学概论》则是专门为大学新闻理论教科书而编写的（详见表2）。

正是由于早期新闻学人兼新闻实践、新闻教育、新闻研究于一身，才能为理论教学与著述提供最鲜活的案例，促使新闻实践经验迅速融入新闻学理论研究。这是近代中国新闻学迅速发展的重要因素，对于当今的新闻学研究、新闻学教育工作也有重要启示。

本丛书编委会邀请相关领域资深专家进行研讨，认真甄选了书目，仔细进行了版本比较和甄别，从而保证了本丛书较高的学术权威性。

由于历史的局限，民国新闻学书籍的不足是明显的，如学术理论不成熟、部分话语和话题打上了深深的时代烙印等；又因书中涉及的新闻稿件写作于特定历史环境和历史年代，其表达方式不严谨亦不可避免。盖所选书目皆是历史文献，我们在审校中尽量保持其历史原貌，不做大的删改；对极个别对马克思

---

① 李秀云．留学生与中国新闻学［M］．天津：南开大学出版社，2009：239-251．本书中李秀云整理了民国期间从事新闻学研究的留学生44人，并分析其留学国别构成、专业构成、新闻实践经历、从教经历等。

② 周孝庵（1900—1973），佛教学者、律师、报人。松江府人。毕业于江苏省立第一商业学校。历任上海时事新报馆记者、编辑、主编，著《最新实验新闻学》。1928年秋被复旦大学聘为新闻学教授。曾于上海法政大学获法学学士学位，1930年兼律师。1932年主编上海《新闻报》“法律质疑”栏目、编著了《法律质疑汇编》。上海沦陷后，曾氏关闭了律师事务所，潜心佛学研究。

③ 郭步陶（1879—1962），原名成爽，后改名惜，字步陶。四川隆昌人。名记者、新闻研究者。1911—1917年任《申报》编辑，1917年任《新闻报》编辑主任、主笔。1930年任教于复旦大学新闻系。上海沦陷后赴香港，任职于《申报》（香港）、《星岛日报》；1939年创建中国新闻学院（香港）并任院长。抗战胜利后回沪任教于复旦大学、新中国学院。

④ 《中美日报》是“孤岛”时期的国民党报纸，为躲避日伪新闻检查，在美商罗斯福出版公司招牌下运作，副刊有《集纳》《堡垒》等。1938年11月创刊，1941年12月停刊，1945年8月复刊，次年4月终刊。总编先后为杨勋民、查修、詹文浒，总主笔周宪文，执笔者有储玉坤、章丹枫等。胡道静曾任英文编辑。报社读讯会为自修新闻学的读者出版了《实用新闻学讲义》，共计10种，对编辑术、采访术、评论作法、新闻写作、新闻学史、剪报工作等都有专篇论述。

主义、共产党等的不适当叙述已进行了删除处理。

本丛书规模较大，从策划项目、搜集资料、校订编纂到审稿成书，历时两年有余。这50本书可能并非本本经典，其中有些内容亦有重复、雷同之处，但瑕不掩瑜，它们对于研究中国新闻学功不可没，作为新闻史资料极具研究价值。感谢中国传媒大学出版社和安徽大学新闻传播学院诸位老师的辛勤付出，也希望读者在本丛书中能读出更丰富的内容，获得启发并更深入地思考。

丛书主编　芮必峰

2018年5月7日

附表：

表1　著者受教育、从业、从教及著述情况列表

序号	姓名	是否留学及留学国家	从业经历	从教经历	著作
1	徐宝璜	美国密歇根大学，经济学、新闻学	北京《晨报》主笔	北京大学新闻学研究会、北京平民大学新闻系	《新闻学》《新闻事业》
2	戈公振	1927年赴美国、日本考察新闻事业	首创《图画时报》、“上海新闻记者联合会”会长、《申报》总管理处设计处主任兼《申报星期画刊》主编	上海南方大学新闻系、上海国民大学新闻系、复旦大学新闻系、上海沪江大学商学院、上海民治新闻学院	《新闻学撮要》《中国报学史》《新闻学》
3	邵飘萍	东京政法学校	《汉民日报》主编、《时事新报》《申报》《时报》主笔、创办“北京新闻编译社”、《京报》社长	北京大学新闻学研究会、北京平民大学新闻系、国立法政大学	《实际应用新闻学》《新闻学总论》
4	吴定九	日本名古屋工业专门学校土木工程	主持《京报》	北京平民大学新闻系、国立法政大学	《新闻事业经营法》
5	谢六逸	日本早稻田大学东洋文学史	《立报》文艺副刊《言林》主编、《国民周刊》《趣味》周刊主编	复旦大学新闻系、申报新闻函授学校、国立社会教育学院新闻系、暨南大学新闻系、大夏大学新闻系	《实用新闻学》《国外新闻事业》《新闻储藏研究》
6	黄天鹏	日本早稻田大学新闻系硕士	在北平创刊《新闻学刊》并担任主编	复旦大学新闻系、上海沪江大学商学院新闻学科	《新闻文学概论》《中国新闻事业》《新闻学入门》《新闻学概要》
7	赵敏恒	美国科罗拉多大学文学院、密苏里大学新闻学院、哥伦比亚大学新闻学院攻读英国文学和新闻学，并获新闻学硕士学位	纽约环球通讯社编辑，后加入路透社。“九一八”事变后为美国国际新闻社、伦敦《每日电讯报》《朝日新闻》等供稿。1945年10月任《新闻报》总编辑	复旦大学新闻系、中央政治学校新闻系、暨南大学新闻系	《外人在华的新闻事业》

续表

序号	姓名	是否留学及留学国家	从业经历	从教经历	著作
8	周孝庵	无	历任上海时事新报馆记者、编辑、主编；主编《上海新闻报》“法律质疑”栏目	复旦大学新闻系、新闻大学函授科	《最新实验新闻学》
9	张友渔	1930年、1932年、1935年多次赴日学习新闻学、考察日本新闻事业	《世界日报》编辑、《大同晚报》总编辑、《国民晚报》社长、《泰晤士报》总编辑、《新华日报》社论委员	燕京大学新闻系、北平民国学院新闻系	《新闻之理论与现象》《日本新闻发达史》
10	袁殊	日本新闻专科学校、早稻田大学历史系	创办《文艺新闻》《译报》、新声通讯社记者	上海自修大学新闻专科	《记者道》《学校新闻讲话》《新闻大王赫斯特》《新闻法制论》(译)
11	胡愈之	1928年法国巴黎大学攻读国际法	《东方杂志》编辑、创办《公理日报》、哈瓦斯通讯社远东分社中文部编辑主任、主编新加坡《南洋商报》		《胡愈之出版文集》
12	储玉坤	留法	《新闻报》编辑、《文汇报》编辑、法国哈瓦斯通讯社中国分社编辑、《文汇报》总主笔、《申报》主笔、法国新闻社远东分社中文部主任	中国新闻专科学校、沪江大学新闻系、之江大学新闻系、致用大学新闻学系	《现代新闻学概论》
13	任白涛	日本早稻田大学政治经济学	创办中国新闻学社、《新湖北日报》总编辑		《应用新闻学》《综合新闻学》
14	曹用先	美国密歇根大学①	上海商务印书馆编辑所②	大夏大学③	《新闻学》

① 毛彦文. 往事［M］. 北京：商务印书馆，2012：28.

② 雪林. 一段值得介绍的婚姻（红藏·生活·第四卷第三十八期）［M］. 湘潭：湘潭大学出版社，2014：435-437.

③ 毛彦文. 往事［M］. 北京：商务印书馆，2012：28.

续表

序号	姓名	是否留学及留学国家	从业经历	从教经历	著作
15	王文萱	留日[①]	《经世日报》[②]	国立社会教育学院新闻系[③]	《新闻概论》（译）
16	伍超	留美“攻读新闻科”[④]			《新闻学大纲》
17	郭步陶	无	《申报》编辑、《新闻报》编辑主任兼主笔、《申报》（香港）、《星岛日报》编辑	复旦大学新闻系、《申报》新闻函授学校、中国新闻学院（香港）、新中国学院	《本国新闻事业》
18	任毕明[⑤]	无	《民国日报》《时报》《快报》主笔、《大众日报》总编辑	香港中华新闻学院	《战时新闻学》《评论学十讲》
19	赵君豪[⑥]	无	《申报》副总编辑	上海商学院新闻专修科、复旦大学新闻系、上海法政学院新闻专修科	《中国近代之报业》《上海报人的奋斗》

① 杉村广太郎. 新闻概论 · 黄序［M］. 王文萱，译. 上海：联合书店，1930.

② 冯国定. 忆萧一山先生［M］//中国人民政治协商会议北京市委员会文史资料研究委员会文史资料选编（第43辑），北京：北京出版社，1992：104.

③ 苏州大学社会教育学院. 峥嵘岁月（第三集）［M］. 北京、上海、南京、苏州校会. 1991：229.

④ 伍超. 新闻学大纲 · 自序［M］. 上海：商务印书馆，1925.

⑤ 任毕明，原名任大任，生于1904年，广东鹤山人。1925年在广西梧州创办《民国日报》，曾任《时报》《快报》主笔，主持过香港的《大众日报》。参与创办香港中华新闻学院，并任教。著作有《龙虎集》《风云集》《社会大学》《新社会大学》《战时新闻学》和《评论学十讲》等。

⑥ 赵君豪（1900—？）江苏兴化人。报人。“五四时期”求学于上海交通大学，经常给著名的《民国日报》副刊《觉悟》投稿，并与时任《觉悟》编辑的邵力子讨论种种社会改造问题。毕业后进入《申报》馆工作，抗战后任《申报》副总编辑。1929、1942年两度兼任复旦大学新闻系编辑教授；1930年兼任上海法政学院新闻专修科教授，讲授采访学；曾任《申报》新闻函授学校教授。1944年10月在重庆出版《上海报人的奋斗》。

续表

序号	姓名	是否留学及留学国家	从业经历	从教经历	著作
20	杜绍文①	无	杭州《民国日报》国际版编辑、《东南日报》《前线日报》主笔兼《新闻战线》周刊主编、《东南日报》总编辑、《文汇报》办公室主任	复旦大学新闻系	《新闻政策》《中国报人之路》《战时报学讲话》《国际新闻纵横谈》
21	胡道静②	无	《万有文库》编辑、上海通志馆编修、《通报》《中美日报》《大晚报》等报记者、编辑、撰稿人	上海法政学院新闻专修科	《上海新闻事业之史的发展》
22	张静庐	无	创办上海杂志公司并出任总经理		《中国的新闻记者与新闻纸》《中国近代出版史料》《中国现代出版史料》《中国出版史料》《在出版界二十年》
23	萨空了	无	《北京晚报》编辑记者、《世界日报》画刊编辑、《世界画报》总编辑、天津《大公报》艺术半月刊主编	民国学院新闻系、北京新闻专科学校	《科学的新闻学概论》

① 杜绍文（1909—？），又名杜超彬，广东澄海人。1927年入复旦大学中文学新闻组学习，1931年留校助教。后任杭州《民国日报》国际版编辑、资料室主任、浙江《东南日报》主笔。抗战期间主编浙江战时新闻学会会刊《战时记者》月刊,《国民日报》总编辑、社长；抗战胜利后任上海《前线日报》主笔兼《新闻战线》周刊主编。1946年至1951年间任复旦大学新闻系教授，1952年任上海《文汇报》记者、编委办公室主任。著有《新闻政策》《中国报人之路》《战时报学讲话》《国际新闻纵横谈》。

② 胡道静（1913—2003），安徽泾县人。1931年毕业于上海持志大学国语系。曾参加《万有文库》编辑和上海通志馆编修工作。“孤岛”时期坚守上海新闻界抗日宣传工作，任《通报》《中美日报》《大晚报》《密勒氏评论报》记者、编辑、撰稿人，同时在上海法政学院新闻专修科讲授新闻史课程，为共产党的抗日宣传培养新闻干部。1949年后历任中华书局上海编辑所编辑、上海人民出版社编审等。

续表

序号	姓名	是否留学及留学国家	从业经历	从教经历	著作
24	管照微①		复旦大学校刊编辑、1931 年兼任上海新闻社记者	兰州大学经济系	编《新闻学论集》
25	项士元				
26	蒋国珍	疑为《中国新闻发达史》的译者而非著者②			
28	李公凡	不详			
27	鲁风	不详			
28	刘元钊	不详			

① 管照微，高中就读于上海立达学园，曾与王济深、刘仲达、唐旭之等先后组织了“时潮社”和“立达剧团”。后进入复旦大学新闻系学习，与伍梦窗、林楚君、向浦、徐之津等加入了复旦大学“左联”，并负责复旦大学的校刊编辑工作。1933年12月21日因宣传左翼思想被捕，后任教于兰州大学经济系。

② 虞文俊是东亚中国新闻史研究第一人。《中国新闻发达史》译者蒋国珍初考［J］. 新闻界，2015（15）.

表2 书目

序号	年份	书名	作者	备注
1	1903	新闻学	〔日〕松本君平 著	
2	1913	实用新闻学	〔美〕休曼著 史青译	
3	1919.12	新闻学	徐宝璜① 著	北京大学 新闻研究会讲稿
4	1922.11	应用新闻学	任白涛② 著	
5	1923.8	实际应用新闻学	邵振青 著	北京平民大学、 国立法政大学讲义
6	1924.4	新闻事业	徐宝璜 胡愈之 著	
7	1924.6	新闻学总论	邵飘萍 著	
8	1925.1	新闻学大纲	伍超 著	
9	1925.2	新闻学撮要	戈公振③ 编	
10	1927.9	中国新闻发达史	蒋国珍 著	
11	1927.11	中国报学史	戈公振 著	
12	1928.9	中国的新闻纸	张静庐 著	
13	1928.11	最新实验新闻学（上）	周孝庵 著	复旦大学新闻系
14	1928.11	最新实验新闻学（下）	周孝庵 著	复旦大学新闻系
15	1930.4	新闻事业经营法	吴定九 著	
16	1930.5	新闻概论	〔日〕杉村广太郎 著 王文萱 译	

① 徐宝璜，中国新闻学者、新闻教育家。1912年毕业于北京大学，后公费留美，于密歇根大学攻读经济学、新闻学。徐宝璜在美国密苏里大学受过系统的新闻学教育。

② 任白涛，笔名冷公、一碧，河南南阳人。1911年辛亥革命后，先后担任上海《民立报》《神州日报》《新闻报》驻河南特约通讯员，参加当地反袁活动。1916年留学日本，在早稻田大学攻读政治经济学，并加入了大日本新闻学会。

③ 戈公振所著的《中国报学史》最早由上海商务印书馆出版，是研究新闻学和我国新闻事业发展史的开山之作，国内外新闻界将之誉为中国首部新闻史学权威著作。任教上海国民大学期间，戈公振开始着手《中国报学史》一书的写作。在从事新闻工作之余，戈公振致力于新闻教育事业和新闻学研究工作，曾在上海国民大学、南方大学、大夏大学、复旦大学等校新闻系和杭州暑假报学讲习所讲授新闻学方面的课程，在新闻学研究上留下了许多著述。

续表

序号	年份	书名	作者	备注
17	1930.8	中国新闻事业（上）	黄天鹏[①] 著	
18	1930.8	中国新闻事业（下）	黄天鹏 著	
19	1930.8	新闻纸研究	〔日〕后藤武男 著 俞康德 译述	
20	1930.9	浙江新闻史（上）	项士元 编	
21	1930.9	浙江新闻史（下）	项士元 编	
22	1932.7	学校新闻讲话	袁殊 著	
23	1932.8	外人在华的新闻事业	赵敏恒 著	
24	1933.4	新闻学入门	黄天鹏 著	
25	1933.10	新闻学论集	管照微 编	复旦新闻学会丛书
26	1935	实用新闻学（上）	谢六逸[②] 编	申报新闻函授学校讲义之三
27	1935	实用新闻学（下）	谢六逸 编	申报新闻函授学校讲义之三
28	1934.1	新闻学	曹用先	
29	1934.2	新闻学概要	黄天鹏 编	复旦大学讲义、上海沪江大学新闻学专修科
30	1935	上海新闻事业之史的发展	胡道静 著	
31	1936.5	新闻学讲话	刘元钊 编著	

① 黄天鹏，字天鹏，别号天庐。1927年1月，他创办了我国首个新闻学刊（1929年扩改为《报学月刊》）并任主编；他是我国新闻学术史上最早研究新闻学之产生及发展史的学者，是我国具有新闻学术史观的第一人。他于1923年就读于北京平民大学报学系，1929年留学日本,修业新研究所,旋入早稻田大学新闻系。归国后出版了《新闻文学概论》《中国新闻事业》《新闻学入门》《新闻学概要》等十余本新闻学专著。

② 谢六逸，中国现代新闻教育事业的奠基者之一。著名的作家、翻译家、教授。1917年以公费生身份赴日就读于早稻田大学。1922年毕业归国，入商务印书馆工作。后历任神州女校教务主任及暨南大学、复旦大学、大夏大学教授。1930年任复旦大学中文系主任，并创设了后来闻名海内外的复旦大学新闻系，任主任。

续表

序号	年份	书名	作者	备注
32	1936	本国新闻事业	郭步陶 编著	申报新闻函授学校讲义十一
33	1936.6	新闻之理论与现象	张友渔 著	
34	1936.11	记者道	袁殊 著	
35	1937.7	现代新闻学概论	储玉坤 著	国民党政府唯一指定大学新闻理论教科书
36	1938.7	战时新闻学	任毕明 著	
37	1938.9	中国近代之报业（上）	赵君豪 著	
38	1938.9	中国近代之报业（下）	赵君豪 著	
39	1938.10	基础新闻学	李公凡 著	
40	1939.7	中国报人之路	杜绍文 著	
41	1940.4	新闻学	戈公振 著	1932 年完稿，另有 1947 年版
42	1941	新闻学的基础知识（上）	中美日报读讯会 编	中美日报读讯会实用新闻学讲义
43	1941	新闻学的基础知识（下）	中美日报读讯会 编	中美日报读讯会实用新闻学讲义
44	1941.7	综合新闻学 1	任白涛 著	
45	1941.7	综合新闻学 2	任白涛 著	
46	1941.7	综合新闻学 3	任白涛 著	
47	1944.9	新闻学	鲁风 著	新中国自修学院约稿
48	1946.6	科学的新闻学概论	萨空了 著	另有 1945.3 出版的署名艾秋飚的版本
49	1946.11	新闻史上的新时代	胡道静 著	
50	1947.12	新闻学的理论与实际	〔英〕斯蒂德 著 王季深 吴饮冰 译	上海文化函授学校读本

自序

我國新聞事業雖然沒有歐美各國那樣發達，但是近年來進步的神速，使我們對於它的前途，發生了無限的希望。

現在不但政府當局注意新聞事業，極力在設法栽培新聞記者人才，各大學也相繼添設新聞學系；就是一般青年，對於報業都有極濃厚的興趣，而想下一番研究的功夫，以備將來獻身新聞界。尤其在我國報業中心的上海，這種現象，更為明顯，不僅各大學設有新聞學系，就是各補習學校，也有新聞科的設立，而且應攷的青年學生，都特別擁擠。

但是我們知道「新聞學」尚在萌芽時期，在科學中是最幼稚的一門，不獨出版界缺乏權威著作，而且在師資方面，也極感缺乏。今年三月前任國立商學院院長徐佩琨先生由港返滬，主持致用大學校務，擬於下學期起，添設新聞學系，找作者去主持。作者深恐將來教材缺之，爰乃於事前抽暇編纂講義；後為陸高誼先生所悉，將此講義先由世界書局出版，這本書也就因而誕生了。

本書內容，以歐美新聞學之理論為主，而輔之以作者個人在我國報界服務多年所得之經驗。所以此書最宜於大學新聞系一年級或補習學校新聞科選修生，採作教本，一則藉此可知新聞學的梗概，另則亦可明瞭我國報館的內情，將來如有機會入新聞界服務，庶不致所讀之理論不能實用。

本書的出版，可謂作者初次的嘗試，同時也是研究新聞學之理論與實際的第一部專門著作，願新聞界先輩及新聞教育家，不吝多多指教。以備重版時，加以修正，而臻於完善。

儲玉坤誌於上海

民國二十八年七月一日

現代新聞學概論目次

第一章 緒論

第一節 新聞學的確立

新聞學 (Journalism) 被公認爲科學 (Science)，還是近三十年的事；因專門著作的缺少，新聞教育的失敗，至今還十分幼稚，在各種科學中，是最落後的一門；所以新聞學的園地雖已開闢，但仍需要有力者去耕耘和灌溉。

設有學術機關去研究新聞學最早的國家當推報業最發達的美國；不過也是經過許多人冒險後才成功的。最早是紐約世界日報 (The World Telegram) 的主人浦立生 (Joseph Pulitzer) 在一九〇三年六月二十三日與哥倫比亞大學 (University of Columbia) 訂立創辦新聞學院的契約，並捐出一百萬美金爲籌備基金，這個消息傳出後，立卽引起報界的不滿，撰文攻擊新聞教育的荒謬；浦立生也寫了一篇有力的答辯，他說：「我辦這個學校，目的在提高新聞職業的標準；使新聞記者和律師工程師一樣的受人尊敬。報業在社會上的重要，比較其他職業實遠過而無不及，新聞學院的設立，可使一般有志從事報業的青年得一絕好的機會。然而這還不是我最後的目的，我最終的目的還在國家的利益。新聞學院可爲國家造就出許多好的新聞記者，創辦好的報紙，為大衆服務。』可是他的計劃並沒有立卽實現，到了一九一三年九月十日，哥倫比亞大學新聞學院始舉行奠基典禮；而密蘇里大學(University of Missouri)創辦的新聞學院卻早已在一九〇八年四月二日正式成立了，反而比它遲了五年。

密蘇里大學新聞學院，不僅是世界報界的最高學府，而且也是世界最早的新聞學校。該院院長是新聞教育專家威廉博士(Dr. Walter William)，他不但努力校務，使密蘇里大學新聞學院，成為設備最完善的新聞學校，而且他個人在新聞學上，也有許多貢獻，他曾擬就一種「記者守則」(Journalists' creeds)幾為每一個新聞記者所信奉為座右銘。該校人才輩出，不但在美國的新聞界中，佔有極大的勢力；就是中國出洋留學研究新聞學的，也大半到密蘇里大學新聞學院去研究。不過嚴格地說來，密蘇里大學新聞學院，至今已有三十年的歷史，但也不能說有多大的成就；因為學生畢業後到報館去服務，往往感到所學的不實用，使一般報館當局，對於新聞教育仍不能改變過去的懷疑態度。例如美國的名記者亨利(Marse Henry)說：『一家好的報館，就是最優良的新聞學校』(A good newspaper office is the best school of all)。華透森(Henry Watterson)也說：『世間祇有一個新聞學校，那就是最完善的報館。』(There is but one school of journalism, that is a well conducted newspaper office)這些話，仔細想來，實不盡然；在現階段的新聞教育，或者是如此；但是到了新聞學發展到相當的程度時，新聞教育自能顯出它的功效來。

講到新聞學在中國，更加幼稚，一則由於中西文的懸殊，使歐美的新聞學理論，不能拿到中國來應用；同時新聞教育及專門著作更加落後。到了一九二四年，北平的燕京大學才首創新聞學系，且與美國密蘇里大學新聞學院有極密切關係，交換教授及研究生，祇是教材方面，偏於英文，而中英有絕大的不同，尤其表現於中英文的報紙之上，因此從燕大畢業出來的學生，不切實際，往往不能為一般報館所歡迎。至一九二七年上海復旦大學，乃繼燕大之後，開辦新聞學系，復因限於人力物力，也難有驚人的發展。至一九三五年中國國民黨鑒於黨內記者人才的缺乏，乃命中央政治學校大學部添設新聞學系，因時間的匆促，設備也未能完全，難望有重大的成就。但是自從全面抗戰開始後，政府方面切實感到『新聞』與『抗戰』的關係重大，更迫切需要大批的新聞從業員，到戰地去採訪消息，到後方去編行報紙，以鼓勵士氣與民志，使國人人人能抱着『抗戰必勝，建國必成』的信念。因此政府乃注意到新聞教育，命令各省政府設立新聞特別訓練班，以培養新進的人才；同時對於現在各報的記者，加以特別的訓練，使他們能適應戰時的需要。

總之，新聞學不但在中國，就是在報業最發達的歐美各國，還是一種尚在萌芽中的科學，還是一塊沒有完全開闢的荒地。

第二節　現代報紙的內容

新聞學在英文稱為 Journalism，分析此字的意義，Journal 即新聞之意。其來源自羅馬凱撒大帝，(Julius Caesar) 時代，發行一種報告每日發生事件的刊物，稱為 Daily Acts，又稱為 Acta Diurna，因此英國的報紙，常用 Daily，例如 Daily Express, Daily Mail, Daily Herald 等是。法國的報紙一般都用 Journal，例如 Journal, Journal des Débate, Petit Journal 等是。德國所稱 Zeitung，義大利所謂 Jiornale，蘇聯之所謂 Газета，日本所稱之新聞，就是我國所謂報。

至於報的定義，很難下一切當的界說，學說雖多，但不是流於狹小，就是失之空泛。例如布須 (Bücher) 說：『報紙爲公佈新聞的方法。』季文 (Given) 在其報學概論 (The Making of a Newspaper) 一書中說：『報紙是輿論的製造者，新聞的紀錄者。』貝洛 (Bellow) 說：『報紙報告新聞暗示觀念。』沙洛門 (Solomon) 的見解是：『報紙將一般有興味的事件，化其複雜的內容爲簡單，成爲通俗的作品。』勃倫荷伲(Brunhuber) 說：『報紙的內容，極複雜，有時間性，實在性，而且有一般的興味。』這些理論，都是從報紙的內容和形式而言的，在新聞學的萌芽時期，我們當不能否認對於研究新聞學的貢獻，但是決不能說明現代報紙的特質。我們認爲現代報紙的內容有下列諸點：

（一）報道新聞 (Information)，以最迅速的方法，供給讀者最正確最有價值而富於一般興味的新聞 (News)。這是報紙最主要的任務；同時也是報紙唯一的內容。

（二）解釋時事 (Interpretation of facts)，即以公正的立場撰述社論 (Editorials)，以引導社會的輿論 (Public opinion)。

（三）刊登廣告 (Advertisement)，輔助商品的交換與分配。威廉博士也曾說明報業與商業的關係，他說：『苟商業而無報紙爲之宣揚，則商業卽不能發達。』

（四）揭載專文（Feature articles），使讀者得到知識上的滿足及精神上的安慰。

從報紙的內容看來，也可知現代報紙與社會生活關係的密切了。美國大總統威爾生（W. Wilson）曾說：報紙爲國民之精神上的食糧；這句話實在最切當沒有了。報紙實負有教育的任務，佛力普（W. Philip）認爲報紙是人們的父母、學校、大學講壇、劇場、模範和顧問。攸門（Shuman）也說：『報紙是公衆的信託所（Trustee）。』史華普（Swope）稱『報紙是傳播文化的利器。』就是美國的政治家傑費生（Jefferson）也說：『報紙是啓發民智的最好工具，幫助人民理解事情而成爲社會一個完善的份子。』所以威廉博士把報紙也列在促成現代文明的三大勢力之內了。他說：『形成現代文明的勢力有三：一是科學（Science），二是商業（Commerce），三爲報紙（Newspaper）。』此外我們還要注意的，就是現代報紙的力量已比較法律宗教的力量還大，所以也有人說過這樣的一句話：『與其住在有法律無報紙的國家，無寧居於無法律而有報紙的國家。』

第三節　何謂新聞

「新聞」一詞，雖自英文News譯出，但係抄襲日本的名詞。我國宋代雖已有「新聞」之稱，例如朝野類要有云：『邊報，係沿邊州郡列日具幹事人探報平安事宜，實封申尚書省樞密院。朝報，日出事宜也，每日門下後省編定，請給事判報，方行下都進奏院，報行天下。其有所謂內探省探衙探之類，皆衷私小報，率有漏洩之禁，故隱而號之曰新聞』但決非今日我們所謂的新聞。

上面已經說過，新聞學尚在萌芽時期，在歐美研究新聞學的人數雖然比較多些；但也沒有什麼偉大的成就。所以新聞學至今沒有具體的有系統的理論。何謂『新聞』的問題也很難加以切實的解答，美人勃萊遊(Bleyer)著有新聞的寫作與編輯(Newspaper Writing & Editing)一書，對於『新聞』作有系統的分析，並介紹幾種構成『新聞』的事實：（一）人人想知道的事情；（二）能使人人引起興味的事情；（三）與人類福利有關係的事情；（四）人類的一切活動；（五）大多數人最注意的最近發生之事；（六）從前從未發生的新事。所以從這些構成新聞的事實觀察，可知新聞的要素(Elements of news)有下列諸端：

（一）時間性(Timely)——所謂『新聞，』常以『新』為第一義。勃倫荷堡(Brunhuber)的所謂現實性(Actuality)也就是指新聞的時間性而言。嚴格地說來，時間性就是新聞的生命，尤其在為現代機械文明支配之下的今日報業，新聞傳遞的迅速，印刷發行的便利，轉瞬之間，新聞就要變成歷史了。英國報業協會會長唐納爾(Robert Donald)在十年前演說，預料未來的報紙，他說：『我們現時家中已有電燈自來水等等的設備；不久即將裝置了發明的東西，隨時可以聽到報告新聞。』這句話在十年後的今日早已實現了，現在幾乎沒有一個家庭不裝有無線電收音機(Radio)，世界播音事業(Broadcasting)的突飛猛進，英首相張伯倫在倫敦作廣播演說，全世界的聽衆都可以聽到他的音容，將來『電力傳真』(Television)發達之後，世界的聽衆也可以看到張伯倫演說的姿態了。

新聞既以時間性爲其生命線，所以現代報業要盡量利用現代科學的發明，使傳遞新聞，印刷報紙，發行分送的速度，臻於最大的可能。報紙的成敗，也往往取決於這些快慢上。

（二）重要性（Significance）——新聞價值（News value）的大小，往往取決於該新聞對於社會國家的重要性如何爲斷。例如一個普通人病死了，對於國家社會沒有什麼關係，當然不能構成新聞；但如因爲失業之後貧病交迫投河自盡，那就足以構成社會新聞了。他的自殺是一個嚴重的社會問題，不但足以反映出當時的社會經濟的情況，而且還要促政府當局注意及時設法謀失業問題的解決。再如英國輪船在大西洋觸礁沉沒，這一件事關係英國最大，所以在英國報界看來，是一件極大事情，要想法去採訪新聞；反之，在中國報界，毫無關係，除了站在人道主義的立場上，表示同情，刊登一簡訊之外，當不要派員去調查拍發專電。

（三）接近性（Nearly）——讀者所注意的新聞，是由近而遠的，最注意的，是關於讀者自己或家庭的事情，次之是家鄉，再次之是本國，別國的事情往往漠不關心。由於這個接近性，乃使報紙的地方色彩（Local colour）非常濃厚，各報都有本埠版，其所佔地位，幾與別的新聞不相上下，我們如果以新聞學的理論去權衡，有許多都不是新聞，唯有用接近性一詞去解釋了。

（四）名人（Prominance）——名人的一舉一動，一言一語，都是很好的新聞。例如我國的蔣委員長，美國的大總統羅斯福（President Roosevelt）發表重要演說，宣示政府的施政方針，固然是極重要的新聞，就是他們私人的生活，也是人民所關心所想要知道的事情。尤其他們的健康問題，如果一旦不幸他們病了，不但對於社會國家有極重要的關係，而且在政治上也要發生絕大的變動。

（五）戲劇性（Dramatic）——最近北平發生了一件戲劇性的新聞，芳名遍天下的女伶新豔秋行刺漢奸繆斌。新豔秋的本人已夠惹人注意了，現在又演出了這種時代的壯劇，當然是最好的新聞。當這個消息由路透社（Rueter News Agency）傳到上海來後，不但各報競載，而且刊着很顯著的地位。

（六）反常的新奇的（Extraordinary, or Curiosity）——人類原有好奇的本能，對於反常的新奇的事情發生，無不欲明瞭其究竟。因此一旦有反常的新奇的事件發生，便是新聞記者的好材料，不但寫成新聞，有時還要寫成特寫（Feature），以滿足讀者的好奇心。反常的事情，例如發生亂倫的事情，生理上特殊變化，一胎五子等，新奇的事情更不一而足，幾乎每天都有刊載。

（七）衝突（Conflict）——衝突不問太小，均足以擾亂社會的治安，為法律所不容。尤其是國際間的衝突，往往足以釀成滔天大禍，形成世界大戰。所以小之至於私人間的衝突，也可構成新聞。蓋衝突既起，即不擴大也必有其他的交涉繼之而起，成為一件極複雜的問題。

（八）兩性的（Sexes）——『食色人之大慾』，所以兩性間的問題，也是現社會的一個絕對重大的問題。近年來桃色案子的層出不窮，報紙應否刊登的問題，至今還是一個懸案。美國的報紙素以Sensationalism著名，專刊黃色新聞（Yellow news），以迎合一般讀者的低級興趣。我國時報曾以美報作風，對於桃色案子，必加以詳細的記載，描寫得淋漓盡致。殊不知報紙對於社會生活有極密切的關係，以刊登黃色新聞為特長的報紙不嘗予讀者以暗示，使桃色案子有增加的可能。所以我們認爲關於兩性間的問題，雖爲一般讀者所注意，最足以引起讀者的興味，可以構成新聞，但如以社會風化爲重，則對於這種的記載，力求其簡單樸實。

（九）人性（Human interesting）——同情，好奇，都是人性之所長，所以遇到足以動人感情的事情，都是寫新聞的好材料。例如美國好萊塢大火災，死傷萬人，這種消息給人們看了，都要發生同情的感情，不論關係的親疏，都是想要知道的事情。例如從前中國發生空前大水災，美國報紙曾把中國水災消息，刊爲第一條，以促起讀者的同情心。

（十）進步（Progressive）——不論科學學術界以及各方面，如有新的發明，使人類文明更進一步，都是讀者所急切想知道的，所以也是構成新聞的好材料。

第四節　新聞學與他科學的關係

報紙論其內容的複雜，實在是一部活的百科全書（Encyclopedia），記載全世界人類的一切活動；論其事業的經營，和其他生產事業相似，復有不盡相同的地方；所以研究新聞學，將來想做一個新聞事業的從業員，不論是做外勤採訪或內勤編輯，甚至做一個報業的營業人員，都不是一件容易幹的事情，幾乎和任何一種學科都有相當密切的關係，茲將研究新聞學應注意之點，分述如下：

第一，應受科學的訓練，養成靈敏的智慧——誰都知道報紙的生命，是非常短促的，有如曇花的一現，最長的充其量也不過有一日的生命，所謂朝生暮死。但是短的祗有幾個鐘點，尤其在歐美商業發達的都市，第一次出版的報到第二次的報（Second Edition）出版後，它的生命就終了，成爲一文不値，誰也不要看了，祗好送給歷史博物館去陳列，或當做歷史看。其間的時間長些五六小時，短些連一個鐘點也不到。所以新聞記者的第一個條件，就是要有靈敏的智慧，不論出外採訪新聞，或在館內編輯新聞，也無不以『快』爲第一義。各版發稿都有一個截稿時間，英人稱爲死線（Dead line），越過了這個死線，不論有什麼好的新聞，就很難發下去了。『靈敏的智慧』固然要看各個人的生理基礎，但並不是不可訓練的。所以新聞記者在研究時期，應受科學的訓練，不但使其智慧靈敏，而且能使思想正確。是以在大學新聞學系的課程中，一年級新生（Freshman）應受嚴格的科學訓練，例如高等代數、解析幾何、微積分等，都要列爲必修課。

第二，應受各種基本教育，養成多方面的興味——上面已經說過，報紙是一部活的百科全書，包羅萬象，形形式式，無所不有。同時報紙的內容，又是社會生活的反映，而社會上每天要發生新奇的事情，如果記者的趣味單調，遇到自己感不到興味的事情發生，做採訪的便不願去寫稿，就是寫也很簡單，聊以塞責；編輯遇到了這種稿子，往往投入字紙簏，一字不發。所以新聞記者的興味要多方面的；個人的興味，雖因人而異，但也有方法養成新的興味。所以有志於新聞事業的青年，對於各種學科都要下一番工夫，不求高深的理論，但須有各科的基本知識，對於任何現象不致發生討厭的心理。

第三，注重其他各種學科，得有豐富的常識（Common sense）——有人說新聞記者什麼都曉得一點，同時什麼也不懂得，這就是說，新聞記者祇有廣泛的常識，而沒有專門的知識。誠如法國作家所謂："To know everything is to forgive everything."。但在社會生活日益複雜的今日，要有各種廣泛的常識，也不是一件容易的事情；有志於新聞事業的初學者，在學校生活時代，不但要注重其他各種學科，同時對於普通的常識，也得隨時隨地加以注意。

第四，應受嚴格的訓練，養成能吃苦耐勞的健全體格——記者的生活，是非常清苦的。誠然記者也有他特有的愉快，不過並不如一般人所想像的那樣幸福。例如在外做旅行記者（Travel reporter）要長途跋涉，飽嘗風霜，尤其是戰地記者，出入於生死之間，有時飢寒交迫，這種苦楚是不難想像得出的。就是在報館內擔任編輯的職務，因為工作時間在晚上，與普遍人的生活完全相反，在黑暗裏工作，太陽永遠看不到，所以說得苦些，也可以說暗無天日。所以要使做新聞記者的人樂業，祇感到做記者的愉快，而不覺得記者的痛苦，那非有健全強壯的體格不可。而健全的體格，當有待求學時期的訓練。

據作者個人的經驗，深知研究新聞學的困難，不在新聞學的本身，而在別的方面。至於做記者或編輯或營業員，在其本身的技巧（Technique），實在容易；而要具備其他必要的條件，例如靈敏的智慧，多方面的興味，豐富的常識，強壯的體格，公正的態度，犀利的判斷力等，就非常困難了。

總之，新聞學是要靠許多學問來做它的基礎的，具體說來，研究新聞學，準備做一個新聞記者，對於下列各學課，祇少都要有相當的知識，才能應付新聞記者所遭遇到的困難：（一）中國史地；（二）世界史地；（三）

社會學；（四）政治學；（五）經濟學；（六）法律學；（七）外國語；（八）人類學；（九）心理學；（十）倫理學；（十一）哲學；（十二）文學；（十三）體育。

此外對於自己將來願擔任的職務，應有專門的研究；例如要做一個國際新聞編輯，就要下工夫研究：（一）世界史；（二）歐洲近代史；（三）各國史；（四）國際公法；（五）國際貿易；（六）各國政府及比較憲法；（七）現代各國經濟問題；（八）現代政治思潮。（九）名人傳記。

第二章　現代報業的趨勢

第一節　現代報紙的特色

現代報業發展的神速實在太驚人了；一方面是由於教育的普及，文化水準一般的提高，對於報紙的需要增加，幾乎沒有一個人不把「看報」當作他日常生活中最重要的一課；幾乎沒有一個人不把報紙視爲精神上唯一的食糧，一天沒有報就會感到「精神食糧」缺乏的恐慌這一點反映在現代報業上，就是報紙銷路的激增。從前的報紙日銷最多的也不過一二千份，而現在日銷幾百萬份的報紙，也祇爲普通的報紙，不足爲奇。他一方面由於現代機械文明的發達，不但使報紙的大量生產成爲可能，而且使報業的本身得以長足的進步。傳如消息傳遞的迅速，報紙形式的美觀動人，以內容的充實，更加引起讀者的興趣，而成爲推行社會教育最好的工具。所以現代報業的特色，在報紙的本身則有「大量生產」「消息靈通」「形式美」「內容充實」的四個特色；而在報業的經營方面，則採用科學的管理方法，完全資本主義化，像普通的企業一樣，Single Enter-prizer, Corporation, Combination 也已奏過了這三部曲，而完全托拉斯化了，尤其是英美的報業，被操縱在幾個報業鉅子的手裏，組織所謂「報團」，盡其操縱報業的能事。

（一）大量生產（Large-scale production）——現代機械文明最大的特色，一言以蔽之，在粗製濫造；產業界如此，在報業方面也是如此。報紙數量的大，不但是份數多，而且每份所含的頁數，也由三四頁增至數十頁，甚至星期增刊（Sunday Edition）有出到幾百頁的，每天報紙發行的次數，自從早晨到晚上，往往出到幾十次之多。這種大量生產，當然是靠了機械的力量，始能成為可能的。例如發達最早的美國報業，在百年前的紐約城，最大的報紙，每日的銷數也祇有二千份，而現在紐約最大的報紙，其銷路已達一百五十萬份了。即以中國報業而論，五十年前的申報和新聞報，日銷不過幾千份，現在也增加到十萬份了。根據世界報業出版年鑑 (Editor and Publisher International Year Book 1935) 的調查，各國報紙的銷路（Circulation）擇一二家報紙為代表抄錄如下：

（一）美國

支加哥講壇報 (Chicago Tribune)	八〇〇，〇〇〇
每日新聞 (Daily News)	一，四〇〇，〇〇〇
泰晤士報 (New York Times)	四〇〇，〇〇〇
每日鏡報 (Daily Mirror)	六〇〇，〇〇〇

（二）英國

每日民聲報 (Daily Herald)	二，〇四〇，〇〇〇

每日郵報（Daily Mail）	一，七七五，九六二
每日快報（Daily Express）	一，七七五，〇〇〇
新聞紀事報（News-chronicle）	一，三五〇，〇〇〇
（三）蘇聯	
新聞報（Izvestia）	二，五〇〇，〇〇〇
眞理報（Pravda）	一，七〇〇，〇〇〇
（四）法國	
小巴黎晨報（Petit Parisien）	一，八七〇，〇〇〇
日　報（Journal）	一，二〇〇，〇〇〇
巴黎晚報（Paris Soir）	一，四〇〇，〇〇〇
（五）德國	
晨　報（Morgenpost）	三四二，八八八
國民評論報（Völkischer Beobachter）	三三五，〇〇〇
（六）義大利	
Carriere Della Sera	四〇〇，〇〇〇

Gazetta del Popolo	一五〇，〇〇〇
（七）比利時	
La Derniere Heure	二二五，〇〇〇
Le Soir	二五五，〇〇〇
（八）日本	
大阪朝日新聞	一，二五〇，〇〇〇
大阪每日新聞	一，一五〇，〇〇〇
東京日日新聞	八五〇，〇〇〇
東京朝日新聞	六三〇，〇〇〇
（九）中國	
申報	一五〇，〇〇〇
新聞報	一五〇，〇〇〇
大公報	五五，〇〇〇
中央日報	二五，〇〇〇

但是白紙是報業最重要的原料，印刷機是報業最主要的生產手段，如果造紙術和印刷術沒有巨大的進

步則報業的大量生產決不可能例如紙的問題美國每年紙的產額一千萬噸還不夠應用仍要到加拿大去購買，英國更不必說了，英國報業鉅子北巖（North-Cliff）創辦每日郵報（Daily Mail）時，就先在北美紐芬蘭創辦造紙廠，把製成的白紙源源運到倫敦去印報。至於我國報業，關於紙的問題，更加嚴重，現在上海各報所用的報紙，都是用的瑞典白報紙；復因為外匯上關係，成本加重，因此形成報紙多銷一份，報館就多賠一份，使報館的經濟完全依賴廣告收入。在抗戰之前，上海新聞界會同實業部，曾一度計劃到浙江的溫州去集資開辦大規模的造紙廠，以求自給。但自抗戰爆發後，這個造紙的計劃便給日本的炮火打碎了。白報紙不能自給的國家，不但在平時是一個大問題，每年要化巨額的現金到外國去購紙；而且在戰時，更成問題，海外交通一旦為敵人割斷之後，來源就要斷絕，所以我國在戰前，準備推行戰時新聞政策，最重要的措置，就是事前貯藏白報紙，像儲藏戰時的食糧一樣。最近重慶的中央日報以及內地的各種報紙，均改採自製的國紙，這當然是一個很好的辦法；不過我們終希望自製的紙能夠力求改進，一方面求其潔白，使印成的報紙不模糊；同時更求質地的堅韌，能夠製成捲筒紙，使用捲筒機印刷不成問題，而能達到迅速出版的目的。

現代報紙的銷路既如此巨大，但是所以能使報紙有這樣巨量的出產，當然要靠兩種新發明；一方面製紙業的發展，使紙的供給不成問題；另一方面是印刷機器的進步，在幾小時的短期內，就能印就整千整萬份的報紙。我們不必猜想，如果紙發生恐慌，新聞事業會變成了什麼樣子；我們讀過英國歷史的，就會明瞭！當美國獨立革命的時期內，因為英國的白紙沒有進口，於是英國各報都鬧着白紙缺乏的恐慌，於是便廣徵破布，聊充製紙的原料，各報所刊的廣告竟用這些話：『備者破布，便是愛國。』『賢明的主婦，須知把破布送給報館，對於國家的貢獻，等於丈夫以生命到戰場上去犧牲。』來刺激人民的愛國心，以期聚集製紙的原料。其實關於紙對於新聞事業的關係，在中國的報界最感到切身的痛苦，中國並沒有大規模的製紙廠，平時所用的白報紙，都由外國供給；在平時除了價格略高及影響到本國的對外貿易外，並不十分感到痛苦；但在戰時，來源斷絕之後，便成極大的問題了。其次，是印刷機器，最重要的是由平版機進而以捲筒機(Rotary press)印報，一八一七年九月二十九日倫敦泰晤士報首先採用捲筒機印報，每小時可印一千一百份，離開現代印報機的速度尚遠，但已較平版機快得多了；其後到了一八三〇年挪畢歐（Dr. Napier）把捲筒機加以改良，隔了二年美人何氏（Robert Hoe）把捲筒機大加改良，即成為現代印報機的開端。一八四九年，紐約民聲報的印刷機，每小時可印報一萬二千份，後來竟達到了每小時二萬份的記錄。但不久就有「澆鉛法」（Stereotyping）的發明，全頁的活字版，可以澆鉛而成為許多副版，因此幾架印刷機可以同時開動了。一八六五年印刷機大加改良，乃有勃洛克（William Bullock）的發明 Web Perfecting Press。一九一一年美國 Walter Scott 又將印刷機的方法革新，現時採用何氏加倍八元捲筒印刷機（Hoe double octuple newspaper press）可印一百八十頁的一份報，每小時的速度可以印好摺好一萬八千份。

（一）消息靈通——報紙是最「趨新厭舊」的東西，「快」無異於報紙的生命，而現代文明又以「快」為最大的特色。「快」表現在報紙上可從三方面去觀察：（一）消息傳遞的迅速；（二）印刷的迅速（三）

推銷的迅速，

在國聯通過李頓爵士（Lord Lytton）關於中日爭案的報告書，紐約泰晤士報就用它自設的電台把自日內瓦發出的報告書原文，一字不差的收到，並一字不少的在明天的報上發表；據說全世界的報紙把李頓報告書在一天內刊完的，祇有紐約泰晤士報一家。後來該報的老闆沃克斯（A. Ochs）發表一次談話：「現代報紙為滿足讀者求速的欲望起見，各報館應有無線電台的設備。」但是消息傳遞的迅速，完全是現代機械文明的賜予，例如沒有電話、電報、無線電、海底電線及飛機，而要求消息傳遞迅速，如何可能呢！

（三）形式的美——現代報紙的美，完全是現代機械文明所賜予的，所以不是深奧的內容的藝術的，而是機械的形式的物質的美，有許多人咀咒着現代報紙用紅色的大標題，和刊載刺激感官的圖畫，在根本上就弄錯了，沒有把內容的美和形式的美分得清楚。試看現代報紙，拼版的謹慎，鉛字的明晰，圖畫的清楚，也不能不說是現代報紙的一大進步；把前十年的報紙打開來一看，誰也不能否認現代報紙進步的神速吧！

（四）內容充實——現代報紙的內容，除了刊載報道消息的新聞和指導社會輿論的社論而外，還刊有專論、週刊、特寫等，以增進讀者新的知識，滿足讀者求知的欲望。

（1）專論（Essay）——理想中的報館，固然要集許多專家於一堂，對於各種問題均有專家可以執筆，撰述社論，加以解釋；不過在事實上，報館限於物力，要延攬許多專家在報館內供職，勢有所不可能，因此不得巳乃敦請報館外面的專家、大學教授、名流執筆，對於當前的重要問題，予以詳細的分析與評判，在社論欄內發表，有的僅稱爲專論，有的每星期日刊一次，稱爲「星期論文」，採用此法最獲成功的，要算是大公報了；所發表的星期論文，大半出之於專家之筆，對於每一專門問題，加以全面的分析；而在讀者方面也無不予以特別重視，即平時不閱大公報的，到了星期日必零買一份，以一讀星期論文爲快。

（2）特寫（Feature）——現在各報對於特寫都非常重視；不僅對於本埠新聞，有本報記者去作專訪，回來用文藝的筆調，寫成一篇生動活潑的故事（Story）；就是對於國內外的大事，也派有旅行記者在各處訪問，寫成國內外通訊（Correspondence），對於每一事件，加以詳細的敍述和描寫。

（3）週刊（Weekly）——報紙既是大衆的一本活的教科書，對於各種科學的知識，都要設法灌輸給讀者；因此現代報紙，都闢有討論各種科學的園地，每週一次，故稱爲週刊。照普通報紙的辦法，往往有七種週刊，每一天刊出一種，例如（一）科學，（二）經濟，（三）時事，（四）工商，（五）文藝，（六）教育，（七）社會。

（4）星期增刊（Sunday Edition）——平時職務在身，大家都很忙碌，往往無暇詳細看報；尤其在產業發達的通都大邑，讀者看報祇看一看標題就算了，可是到了星期日，可有一天的休息，在家無事，以看報當做消遣。所以歐美各國報紙，到了星期日都出增刊，最多的有七八十頁，裏面的文字有文藝，學術，專文，圖畫，一方面可以藉此消遣，另一方面又可增進知識。抗戰前申報也曾出版一種申報星期增刊。

（5）圖畫（Picture）——因爲印刷術和製版法的進步，現代報紙對於圖畫也日益重視了。報紙所刊載的圖畫也有好幾種，一是照片(Photograph)，在新聞中插入照片，能予讀者以深刻的印像，也有 News told by picture 之意。二是諷刺畫(Cartoon)，刊載在社論的傍面，畫裏的意思完全與社論相同，上海字林西報(The North-China Daily News)有一位 Sapajou，是頗有聲望的。三是地圖(Map)，尤其在戰爭時期，更感到地圖的必要，因一般讀者對於地理大半不甚清楚，要徹底明瞭消息，非靠地圖的幫助不可。

至於現代報業的托拉斯化，在英美最為顯著，所謂連環報團(Chain Newspaper)，就是操縱報業的托拉斯。記得一九一三年英國新聞學會會長唐納爾(Robert Donald)曾說過現代報業托拉斯化的趨勢：「世界產業最顯著最重要的動向，就是兼併；在兼併的潮流中，新聞事業也不能例外。一個資本雄厚的公司，可以擁有許多報紙，這種兼併的結果，便是全國報紙，集中在少數資本家的手裏。」到現在他的話完全成為事實了。目下英美的報業蒸蒸日上，銷路一天增加一天，報館的資本一天雄厚一天，可是報紙的數目卻一天減少一天。我們研究此中的原因，除了現代生產事業所以托拉斯化的原因而外，還有下列幾種因素。

第一，是科學的進步，技術的改良，使創辦一家報館，非有雄厚的資本不可；例如印刷機、排字機、打字機、澆鉛機、壓版機、製版機等，都是辦報的基本條件，而價格都是相當的高貴；何況現代報業在劇烈的競爭中，非有犀利的工具不可，一有新的發明，就得棄舊換新。總之，報業需要資本的增加，實為使現代報業托拉斯化的主要因素之一。

其次，是廣告在報紙營業上的地位，日趨重要；過去報紙的生存，端賴定戶所付的報費；但是現代報紙唯一的主要收入，就是廣告費，在產業發達的大都市中，大報的收入廣告費幾乎佔到百分之九十以上。同時現代各種生產事業，均要刊登廣告，幾乎把廣告費的支出也算生產商品的成本費中去；因此一般大報每年都有極大的盈餘；使一般資本家和企業家，把報業也當作普通的商業經營，其組織上也和其他的產業一樣，由公司組織擴大為托拉斯組織。

第三，現代報業既以廣告費的收入為其主要的來源，但是要求廣告效力大，各商家都樂於刊登，就非設法增加報紙的銷路不可；所以現代報業所求的讀者，在於數量而不在於質量；而如何始能使報紙的銷路增加，一是在同一的市場內不許有敵報的存在；二是在把許多地方的報紙歸到一個組織，藉此可以使廣告商就範。要達到上述的目的，於是兼併與消滅，便成了勢所必至的趨向了。

第四，是大量生產的經濟，消極方面在減低生產成本，積極方面在增加報業的盈餘。關於這一層，凡了解現代大規模生產事業的，就不要說明也可明白了。

最後的因素，在讀者對於報紙的態度已經轉變，過去重視報紙的言論，而現在讀者看報，要看的是新聞與各種娛樂文字。這是由於讀者知識程度的增高，對於國內國外的大問題，祇要報紙把新聞事實告訴給讀者，他們自己會下判斷的。同時一般讀者，都把看報當作一種消遣或娛樂。但是各人有各人的興趣，所好的娛樂不同，因此報紙要滿足全體讀者要求，在內容上篇幅上不得不大量增加。現在頁數最多的一份報幾有幾百頁之多。如何能使這種大量增加成為可能呢？就是非擴大報業的規模不可。

茲將英美報業托拉斯的現勢分述如下：

英國報界的巨擘，誰都知道就是北巖爵士(Lord North-Cliff)。他在一八九八年創辦每日郵報(Daily Mail)，卽採用新的方法經營，價格旣低廉，內容又富於趣味，而插圖又很多，所謂半辨士報（Half penny press）就給他嘗試成功了。北巖旣有了這個鞏固的基礎，便揭開了報業托拉斯化的第一幕，先將Harmsworth兄弟公司的財產，合併進去，後來新聞晚報的財產也加進去。自此而後，併呑與歸併之事，便風起雲湧。北巖便成了英國報業托拉斯的巨擘了。至一九〇八年，最有權威的倫敦泰晤士報（London Times）也由華爾特氏（Walters）轉讓給北巖了。

今日英國報業可以說完全操縱在三個報業鉅子的手裏：一是北巖的兄弟羅森米爾（Lord Rothermere）；二是皮浮勃洛克（Lord Beaverbrook）；三是勃萊兄弟(Lord Camrose Berry)。

至於美國報業托拉斯的現狀，據可靠方面調查所得，所謂組成「連環報團」(Chain Dailies)者，有六十多家。但是夠得上說是托拉斯的，嚴格地說，祇有三家：一爲赫斯特報團(William Raldolph Hearst Newspapers)；二爲史克利潑斯·和華特報團（Scripps-Howard Newspapers）；三爲格納脫報團（Frank E. Gannett Newspapers）。美國連環報團的組織，也有兩種不同的方式，一種是組織一個公司（Corporation），以此公司擁有許多報紙；另一種是連環報團中各個報紙，其本身都有一個公司，祇是各個公司的股票操在一個人的手裏。前一種有如美國的波氏（Booth）報團，組有波氏公司，共有八家報紙，每家報紙，由公司派一理事主持。後一種是赫斯特報團，規模非常宏大，總共有二十二家，在紐約第八街西五十七馬路設有赫斯特報團的總部，稱爲赫斯特出版社（Hearst Publication）內有赫斯特連環報團總經理。至於其所屬各報館，表面上都是獨立的，各有公司理事會推選的總經理。不過一切都要受報團總經理的支配。

第二節　現代報業的危機

上面已經說過現代報業的特色有銷路大，消息快，形式美，而在經營上則完全托拉斯化。我們對於現代報業，因不得不承認報業已發達到相當的程度，但是隨着現代報業的發展，也潛生了種種的危機，這是現代文明的一大矛盾，同時也是現代文明的危機。

美國有一位名記者李步曼（Walter Lippmann），看了法西斯蒂統治之下的德義報紙，便發表了一句含義極深的話：「民主政治的危機，就是現代報業的危機。」這就是說，在民主政治的氛圍裏，報業才有發達的可能；如在獨裁國家，報業祇有退步。例如法西斯黨統治之下的義大利報業，本來米蘭（Milan）之 Corriere della Sera 是世界上大報之一，但自做了墨索里尼的喉舌之後，銷路便一落千丈；在國社黨秉政後的德國報業，也是如此，著名的報紙如沃賽西新聞（Vossische Zeitung）和德國每日新聞（Deutsche Taggszeit-ung）固已迫於環境相繼停刊，就是其他報紙的銷路，也慘落甚大。例如烏爾斯坦因（Ullsteins）的晨報（Morgenpost），從前銷路最佳的時候，曾達日銷百萬份的記錄，但現在祇有三十四萬餘份了。在義大利未參加『法西斯蒂新聞記者聯合會』的人，不得做新聞記者；同樣在德國『德國報業聯合會』會員，是新聞記者的必要條件。換句話說，在德義非法西斯蒂的份子，不能做新聞記者，美國名記者西爾治（George Seldes）一直駐在歐洲做通訊員，他曾到義大利去參觀報業，他的報告是：『現時義大利不許有一個非法西斯蒂的報紙存在；沒有一個人能夠在報上宣傳反法西斯的主張，或鼓吹民主政治及自由主義的思想。同時法西斯黨每年還要用五百萬里爾去收買報紙。法西斯黨嚴格統制了本國的報紙之後，便更進一步，用法律的規定來限制非法西斯黨黨員不得爲新聞記者。』

現在法西斯蒂的怒潮，泛濫了全世界，除了德義之外，在遠東的日本，歐陸的波蘭匈牙利等等，相繼實行獨裁政治。不許報紙享有言論的自由。所以獨裁政治的風起雲湧，是現代報業當前唯一的危機。因爲言論自由是民主政治下的唯一特色，而言論自由又是報業發達的必要條件，是以在獨裁政治下，報紙不過是政府宣傳的工具，而祇有日趨於衰落了。此其一。

美國新聞學家芮右（Thayer）說：『人們從事於新聞事業，爲的是營利。』（Newspaper Management）。所以商辦的報紙，無不以營利爲目的。甚至爲了經濟或營業關係，在言論和新聞的刊載上，不惜放棄其從前所採取的公正立場，而予社會以不良的影響；例如接受政黨的津貼，不惜做他宣傳的工具；或者得了資本家的賄賂，不顧報格的可貴，竟爲資本家的喉舌。同時一個沒有政治背景的報紙，其主要的收入，完全靠廣告和報費。要想增加報館的收入，祇有設法增加每天的報紙銷路，因此在新聞上和言論上，就不得不顧到社會心理，而迎合般的低級趣味，所謂「黃色新聞」(Yellow Journalism)也就應運而產生，尤其在美國的報業刊登黃色新聞幾爲各報的特色。赫斯特系(Hearst)的報紙共有九個晨報，十五個晚報，十四種星期特刊，十一種雜誌。他經營報業成功的秘訣就是充分利用他的金元的力量，認清了美國的社會心理，乃以「性感主義」(Sensationalism)爲編輯方針，造成了黃色新聞的權威。遇到桃色案子，必加以詳盡的記載，而刊在最重要的地位比「國家大事」更加重視，不但美國的報業如此，而且各國也已有共同的傾向。例如英國的報紙本來是世界上最純潔最富於責任心的，譬如泰晤士報(The Times)，曼徹斯特導報(The Manchester Guardian)每日電聞報(The Daily Telegraph)，都是很好的報紙(Quality Press)；可是自英國報業鉅子皮浮勃洛克(Beaverbrook)羅森皮亞(Rothermere)輩創辦每日郵報(Daily Mail)，每日快報(Daily Express)，仿行美報盡量刊登黃色新聞之後，於是美國的「性感主義」也就侵入英國的報界了。就是落後的我國報業，自時報「美國化」之後，銷路激增，也爲各報所重視了。這種黃色新聞的刊登，雖然也可以『有聞必錄』或『報導至上主義』『揭破現社會的眞面目』等等來辯護，但是這種新聞刊登之後，社會必蒙其不利的影響，無異予讀者以不良的暗示。此其二。

現代報業最主要的收入，是每天的廣告費，因此報館當局爲了經濟或營業，對於廣告的顧客，必予種種的優待。不論其內容性質如何，祇要他能拿出廣告費來，必代其刊載，因此一般投機的商人，均靠廣告的傳播，從中漁利，最普遍的是各種藥品。現在各報所刊的廣告，也以藥品廣告居其半，有時藥品商人異想天開，以廣告的地位以專刊的形式登載例如爲「希米脫氏固精片」「生殖素」刊登廣告特別約定了幾個醫師以「現代醫學週刊」的名稱發表內容是「如欲增進夫婦愛情請服希米脫氏固精片」「如欲求乳峯聳起造成女性健美則請用女用生殖素」這些內容幾乎不可問聞，一言以蔽之，在欺騙社會，以達到營利的目的。社會上受到這種廣告不利影響之大，是想像得出的，報紙上完全充塞了這些廣告，又將如何維持其高尙的品格而實現其所負之文化的使命呢？最奇怪的是美國新聞，爲了廣告的收入竟失去了言論的自由。美國藥品協會會長鄭內(F. J. Cheney)報告他如何利用廣告去操縱報紙的言論。他說：『我有一個方法，就是和一萬五千家報紙雜誌簽訂合同，規定「雙方同意，如果本州政府或聯邦政府，通過法律干涉或限制售賣本公司的藥品時，本合同即認爲無效。」後來政府要通過法律來干涉我的藥品，我立即通知各報請其注意合同即將失效，隔一天各報都發表反對此項法律的評論，結果我成功了。』由此可知，現在已有不知多少的不正當的事業，正利用報紙的刊登廣告作種種流毒社會的活動，報紙的本身本是純潔的，宣揚文化的工具，可是現在爲劣商利用，爲其貿利的工具了。這不能不說是現代報業的一大危機。此其三。

最近十年來「連環報團」(Chain newspapers)的發達，雖是現代報業發達到登峯造極的表現，但是獨立報業的危機，也不得不說已潛伏在「連環報團」的發達裏。英國的報紙完全操縱在羅森米亞(Rothermere)柏雷(Berry)，皮浮勃洛克(Beaverbrook)三人之手；美國的報業則完全受赫斯特系(Hearst)與斯克立浦斯・荷華特系(Scripps-Howard)的支配。我們姑以赫斯特系的報紙作例證。他有九個日報，十五個晚報十四個星期專刊，十一種雜誌，他的勢力占據了美國十七個大部市，就是在加拿大墨西哥，他也有很大的勢力；據一九三三年的調查，美國報紙的總數約二千種，每天總銷份數平均約為八千三百餘萬份，晨報有三百八十五種，日銷二千一百四十三萬份；晚報有一千五百四十四種，日銷三千三百十五萬份；星期特刊有五百零五種，日銷二千八百九十萬份。而赫斯特系的報紙却佔百分之十強。在現代機械文明之下，赫斯特要發表一種意見就可以在他五十種報章雜誌上同日發表對於輿論界的影響之大，實在可想而知。本來報紙評論的功能，僅在引導輿論走入正軌，現在被操縱在少數資本家的手裏刊載千篇一律的評論，如何能儘量發揮報紙引導輿論的功能呢？不僅如此，而且言論自由也變成了「徒托空言」了。所以現在報業的托拉斯化，也就是現代報業的一大危機。此其四。

第三節　各國報業之現狀

第一項　美國報業

美國報業，是現代報業的先驅，歐洲各國的報業，現正叫着「美國化」的口號，向着「報紙大衆化」的目標邁進，但是在技術上，依舊是望塵莫及的。這個原因，當然是由於美國的產業發達，美國已經成為世界上資本主義國家的典型，而經營現代報業，像從事其他的企業一樣，需要龐大的資本及大規模的組織。所以美國報業的發展，突飛猛進，決非偶然。同時美國又是一個新興的國家，是由歐洲各種民族混合而成的，所以沒有傳統觀念不像英國社會充滿了守舊的風尚，美人要求新奇和進步，人人有進取向上的精神。因此美國的報業，也像美國的工業一樣，成為這時代的驕子了。

美國報業發達最早，一八三三年戴氏（Benjamin Day）在紐約創辦的太陽報（The Sun），實已具有現代報紙的雛形了。所以美國報業發展的神速，實在太使人驚奇了。在十九世紀的初期，便有現代報紙的先鋒，在美國出現了。太陽報的政策，在政治上保持着超然的態度，不與任何政黨發生關係；而在新聞方面力求迅速，內容則着重通俗和趣味，同時在定價方面減低至一辨士。這個新的嘗試，竟獲得意外的成功，太陽報問世不久，就風行全美，在美國新聞史上開一新紀元。

不過美國現代報紙的完成，還要歸功於浦立生（Joseph Pulitzen）和赫斯特二人。浦氏在一八八三年購得世界日報（The World），赫氏在一八九五年從舊金山到紐約去接辦紐約新聞報（New York Journal），他們二人都在通俗化的方面下工夫，力求報紙的大衆化，結果銷路激增，創立了現代大衆報紙的典型。同時又把廣告業發展到不可思議的地步，使報紙的收入完全依靠廣告，也就是把現代報業完全商業化。

美國報紙的特色，實足以代表現代報業的特色，銷路大，消息快，外表美，內容多；不過有一特殊的地方，就是對於『新聞』的觀念，似乎和別國不同。誠然，好新奇是人類的本能，但是美國讀者的這種癖性特別濃厚；美國名記者勃立斯本（Arthur Brisbane）解釋新聞的定義，曾說過這樣的一句笑話：『假如街上有一隻狗咬了一小孩，這不算是一件新聞；可是一個小孩咬了一隻狗，卻算是一件新聞了。』他的意思就是說，反常的變態的，新奇的事情，才能構成新聞在報上發表了，才能刺激讀者，引起大衆的趣味。因此美國各報對於社會新聞特別重視，尤其是遇到發生黃色新聞，終是不惜寶貴的篇幅去詳細紀載這些無聊的新聞；而對於政治新聞，反而不注重，每天各報雖然還照樣刊有社論，但都沒有一種明顯的主張，模棱兩可，處處抱着「對同時又不對」的態度。所以美國報紙政治色彩很濃厚的，已不復存在了；就是政黨的機關報，其政治色彩也不甚濃厚，例如紐約泰晤士報（New York Times），是民主黨（Democrates）的機關報，紐約講壇報（New York Herald Tribune）是共和黨（Republicans）的機關報，但是它們屢次聲明是無黨派的報紙，平時社論也很少用堅決的口吻。

美國報業已完全托拉斯化，全國的報業被操縱在赫斯特和史克立浦斯·荷華特兩大報團的手裏。赫斯特報團擁有四十幾種報紙，重要的有阿美利加報（American）、新聞報（Journal）、觀察報（Examiner）、星期日報（Sunday Advertiser）等；史克立浦斯·荷華特報團則有紐約世界日報（New York World Telegram）、華盛頓消息報（Washington News）。

至於美國各報的銷路，最大的當推紐約的每日新聞報（Daily News）平日銷數爲一百四十萬份，星期日刊達一百八十萬份；其次是每日鏡報（Daily Mirror）日銷六十萬份；紐約阿美利加報（New York American）日銷五十萬份，星期日刊達一百萬份；紐約泰晤士報（New York Times）日銷四十萬份，星期日刊達七十萬份。支加哥論壇報（Chicago Tribune）也有每天八十萬份的銷路。

第二項　英國報業

『新聞書信』(News letters)是英國報紙的前身，至一八九六年，北巖主辦的每日郵報(Daily Mail)誕生後，英國報業才劃分了一個新時代，走上現代化的途徑。英國人富於保守性，在任何方面都墨守成法，報業亦不能例外；但是北巖創辦每日郵報，却以其商人的銳利眼光，爲報界開闢一條新的途徑來。一方面在報紙的內容，力求其通俗化，使人人都能看懂，都願意閱讀；另方面把報紙的定價降低，所以他的嘗試，不久就獲得驚人的成功；在一八九八年它的銷路，就超過其他的報紙，日銷四十四萬份，明年激增至六十萬份，一九〇〇年即達九十九萬份，現在便成爲日銷百萬份以上的唯一大報了。

北巖辦報意外的成功，使他在一九〇三年又創辦了一種婦女日報，報名爲每日鏡報(Daily Mirror)，當其發行之初，婦女都沒有看報的習慣，所以銷路很壞，幾乎要完全失敗，可是北巖又想出了一種新的辦法，就是把每日鏡報改爲半圖畫的日報，用各種名貴的照片，印刷也特別講究，打開一看，美麗動人，頗爲一般婦女所歡迎，因此又轟動一時，不但銷路激增，而且廣告也擁擠不堪，於是每日鏡報便成了每日郵報的姊妹報了；同時北巖也確立了他在英國報界的地位。別人看了北巖的成功，都想仿傚他辦報，在一九〇〇年便有每日快報(Daily Express)出世，內容編制，一切都仿照每日郵報，銷路也很好，在波浮勃洛克的經營之下，也就成了每日郵報的最大的報敵。一九〇四年又有新聞紀事報(News Chronicle)繼之而起，現在日銷也有一百萬份左右，爲今日倫敦大報之一。於是英國通俗報的氣勢大盛，使倫敦泰晤士報更趨於衰落了。

倫敦泰晤士報是世界聞名的最守舊的報紙，在一七八五年問世，卽爲英國上流社會人士所歡迎，現在已成爲大英帝國對內對外的代言人，一切編排的形式依然保持着過去的風格，政治上雖有權威，但是每天的銷路並不廣大，祇有十八萬份左右，原因是由於它的嚴肅而帶有紳士氣味的記載，缺少刺激性，不合一般中民讀者的口味，所以該報的營業狀況，並不甚好；一九〇八年竟爲北巖所收買。北巖雖然想把它大衆化，可是受了一般上流人物的反對，至一九二二年，北巖死後，該報的主權復歸阿斯透（Major J. J. Astor）華爾特（John Walter），一切編排與內容，仍恢復了舊觀。泰晤士報在形式雖然守舊，但是內容的充實，和論文的精惕，爲任何報紙所不能及；它在世界各地，均派有訪員或記者，各國通訊佔極大的篇幅，每天並有三篇以上的社論，對於國內政治比較超然些，不過大半爲保守黨說話，對於國際政治，則完全代表政府發言，誠如曾任該報總編輯威廉（William）曾說過一句老實話：『本報並不是一家報館，而是一個保護不列顛帝國利益的機關。』

現代英國報業，由於托拉斯的風起雲湧，也就被操於三家托拉斯的手裏了。

A. Lord Rothermere:

1. Daily Mail
2. Evening News
3. Daily Mirror
4. Sunday Dispatch

5. Sunday Pictorial

B. Berry:

1. Daily Telegraph

2. Sunday Times

3. Financial Times

4. Daily Sketch

5. Sunday Graphic

6. Sunday Chronicle

7. Daily Dispatch

8. Empire News

9. Evening Chronicle

10. Answers

C. Lord Beaverbrook:

1. Daily Express

2. Sunday Express

3. Evening Standard

我們研究一下英國的報業的內容，就可以明白英國報的特質有下列幾點。第一，各報的政治色彩很濃厚，都有政黨做背景，例如保守黨的報紙，最主要的有 Daily Mail, Daily Express；工黨則有 Daily Herald；自由黨也有 Manchester Guardin, The People, Daily Worker。第二，英國報業的傳統很深，在報紙的本身，不求進步；在英報美國化的潮流裏，泰晤士報依舊保持着過去的作風，就是一個絕好的證明，在別的方面，這種傳統觀念使新興的報紙無法立足。第三，英國報業也已托拉斯化了。第四，從英報的社論看來，充分表現出帝國主義的色彩；各報對於國內外發生的大事，無不站在大英帝國的立場上，加以評論。

第三項　法國報業

報紙要在自由的氛圍裏才會發育滋長，法國人民最愛好自由，所以法國報業是也非常發達的。在法國大革命時代，報紙也算盡了宣傳的功能，極力鼓吹革命；及至革命成功，爭取到言論自由後，報紙的興起，有如雨後的春筍，所以在十八世紀法國報業已有相當的發達；不過也像法國的共和政治的運命一樣，不久就遭遇到極嚴重的打擊，就是世界怪傑拿破崙的崛起。在他秉政時期，把全國的報紙都封閉了，祇留一張 Moniteaur。

可是到了十九世紀，法國的報業頓呈復興之景象。先是由奇拉亭（Gira.din）在一八三五年創辦了一張大衆化的報紙，稱爲巴黎報（Le Paris），他的營業政策，着重在廣告的兜攬，而把定報費減到很低；所以該報一出版後，就獲得讀者大衆的歡迎，創刊號即銷到九千九百三十四份，在當時的法國報業開一新紀錄。明年奇氏又在內容上想出新花樣，特請當時名小說家大仲馬撰述三篇小說，每日接續刊載。及至出版，銷路便一躍而增至六萬份。自此法國各報均重視文藝，使文藝氣味濃厚，乃成為法國報紙的特色。

巴黎是法國報業的重心，共有七十多家的報紙，以其性質來分，有兩種典型，一是消息報紙 (Presse d'informations)，另是意見報紙 (Presse d'opinion)。消息報紙以報道新聞為主，沒有政黨的背景，也沒有固定的政治立場。小巴黎人報 (Le Petit Parisien) 就是巴黎最大的一家消息報紙，平時日銷一百七十萬份，有時竟達二百萬份。該報是杜彼 (Dupuy) 在一八七八年創辦的，其所以有如此廣大的銷路，實由於該報有兩大特色：一是每天刊有名家的小說，二新聞特別詳細，且有新鮮的材料。其次是激進報 (L' Intransigeant) 日銷雖不及小巴黎人報，僅有六十萬份，但在巴黎佔有極大的勢力。再次是晨報 (Le Matin)，本為英國記者愛德華 (A. Charles Edwards) 所辦，至一八九六年始屬於法國人，日銷有七十五萬份。此外還有巴黎晚報 (Paris Soir)。最後還有一種日銷一百萬份的日報 (Le Journal)，也是屬於消息報紙一類的，該報天天刊載凡特耳 (Clément Vautel) 的「我的寫真」(Mon Film)，頗受讀者的歡迎。

至於意見報紙的情形，則因為各報都有政黨作背景，說起來很複雜，我們先討論左翼集團的報紙。大衆報 (Le Populaire) 是社會民主黨的機關報，日銷已達二十萬份，社會黨領袖里翁勃倫 (Léon Blum)，常在該報發表言論；事業報 (L'Oeuvre) 則屬於社會黨，言論祇有更加左傾些，銷路也很大，已在十萬份以上。人道報 (L' Humanité) 是共產黨的機關報，立論反帝國主義、反戰爭、反法西斯、反侵略，日銷十五萬份。此外還有一種每日報（Le Quotidien）是人民陣線的報紙，日銷也有十萬份左右。

右派的報紙，最大的要算是巴黎迴聲報（L'Echo de Paris）了。日銷四十萬份，最大的特色，是文藝的精彩，都德、莫泊桑的小說，都在該報發表，所以頗受一般讀者的歡迎。在政治上它是屬於國家主義派的報紙，從前撰論，一直反對白里安。其次是時報（Le Temps），也和英國的泰晤士報一樣，帶有幾分貴族氣，成為法國政府的喉舌。銷路也有十萬份，法國當代政治家泰狄歐（Tardieu）也曾任時報的編輯。論壇報（Le Journal des Débats）在法國報界資格最老，一七八九年即創辦，現有銷路三萬五千份，讀者大半是社會上的上流人物。

此外還有極其右傾的報紙，例如法蘭西行動報（L'Action Fransaise），是保皇黨的報紙，自由報（Le Liberté）費迦羅報（Figaro），人民之友（Ami du Peuple），都是法西斯蒂的機關報，反對民主政治，而主張恢復帝制。除人民之友外，銷路都不大。

法國報紙的特色：（一）重視政見；（二）文藝成份大；（三）雖無報業托拉斯的組織，但在鐵業委員會（Comité des Forges）的支配下，軍火大王薛乃賓（Eugène Schneider）也就成為法國的報大王，此為英美之所無，法國獨有的地方；（四）報紙的形式很美，印刷精美，照片多，編排藝術化。

第四項　蘇聯的報業

列寧曾說過報紙是『民衆的最好的煽動者和組織者。』所以社會革命後的蘇聯報業，無疑的，完全在共產黨的統制之下。先是在一九一七年十一月十八日宣佈全國報業收歸國有，接着便封禁了許多報館，碩果僅存的舊報紙有「眞理報」(Pravda)一家，它原來是俄國社會民主黨的機關報，一九一二年五月五日開始發行，現在成了共產黨的中央機關報，銷路最大；僅次於新聞報(Izvestia)。不過蘇聯的統制的新聞政策，不僅在消極的限制一切所有的報紙均收歸國家辦理並列在五年計劃中，而且積極的提倡，幫助無產階級能夠做到「言論自由」「出版自由」，例如在蘇聯憲法中有如此的規定：『蘇維埃政府使出版事業脫離資本關係，給與工人階級及無產農民以一切技術的物質的工具，從事報紙刊物書籍以及一切其他出版品的發行。』至蘇聯統制新聞的具體辦法，則以有志於新聞事業的共產黨忠實同志加以報業的技術訓練，然後分發在各報館任職；同時共產黨的中央執行委員會之下，又設立一個新聞部，各報直接受其統制，所以蘇聯報業是在共產黨的統制下發展出來的。它進步的神速，實使世界各國爲之驚奇不止。試看下列的統計數字。

年份	報紙的種類	銷數
一九一三	八〇〇種	二，七〇〇，〇〇〇份
一九二五	五八六	七，三〇〇，〇〇〇
一九二九	七，三六八	一二，五〇〇，〇〇〇
一九三四	一一，九〇〇	三六，〇〇〇，〇〇〇
一九三五	一〇，二〇〇	三七，〇〇〇，〇〇〇
一九三六	一〇，二〇〇	三九，〇〇〇，〇〇〇

蘇聯的報紙事業，也像其他的建設事業一樣，完全在五年計劃中進行。依照第二次五年計劃，一九三三年的全國的總銷路應為三千八百萬份，一九三五年為四千四百五十萬份，一九三六年為五千一百五十萬份，一九三七年應為六千六百萬份。但是報紙發展的速度，要取決於紙和印刷機的製造業，蘇聯的工業雖已獲長足的進步，但關於這兩方面尚未能達到理想的目標。

至於各報的情形，可分兩方面來說，一是中央報紙，另是地方報紙。帶有政治色彩最濃厚的中央報紙，當然要首推「新聞報」和「眞理報」；前者是蘇聯政府的官方機關報，主編者為格朗斯基（I. M. Gronsky）日銷二百萬份，為蘇聯銷路最大的報紙。後者為共產黨的中央機關報，主筆是綏維里夫(M. A. Savelev)日銷一百六十萬份。此外中央報紙尚有工會的中央機關報「勞工」(Trud)，共產主義青年團的機關報「共產青年眞理報」(Komsomolskaja Pravda)以及許多專門性質的報紙，雖然也刊載重要的政治新聞，但其內容以刊載討論專門問題的文字為主，所以它們並不供給一般工人民眾閱讀，而是供給各部會所屬機關內的技術和行政人員閱讀的，所以每天的銷路並不十分廣大。例如下面的幾種：

報名	銷路（一九三六）	代表的部會
一、Krassnaja Swesda（紅星報）	六〇，〇〇〇份	國防委會
二、Sa Industrialisnziju（工業報）	二八五，〇〇〇	重工業委會
三、Ekonomitscheskaja Shisn（經濟生活報）	七〇，〇〇〇	財政委會

四、	Sozialistitscheskoje Semledjelije（社會主義農業報）	一〇〇，〇〇〇	農業
五、	Ssowchosnaja Gaseta（蘇維埃農場報）	六〇，〇〇〇	蘇維埃農場
六、	Gudok（汽笛報）	二〇〇，〇〇〇	鐵路
七、	Sa Pischtschewuju Industriju（食糧工業報）	九〇，〇〇〇	食糧工業
八、	Ljogkaja Industria（輕工業報）	八〇，〇〇〇	輕工業
九、	Woduyi Transport（水運報）	五三，〇〇〇	水運
十、	Lessnaja Promyschlennostj（木料工業報）	八〇，〇〇〇	木料工業
十一、	Socizalistitscheskaja Swjasj（社會主義交通報）	五四，〇〇〇	郵電
十二、	Sa Kommunistitscheskoje Prosweschtschenije（共產主義教育報）	二〇〇，〇〇〇	教育
十三、	Sowjetskaja Torgowlja（蘇維埃商報）	八五，〇〇〇	國內貿易

地方報紙，則為蘇聯各自治邦所發行的報紙，有時邦政府與黨部共同辦報，在烏克蘭（Ukrain）和白俄羅斯（White Russia）有用其本民族的文字出版報紙，例如明斯克（Minsk）的星報（Swesda），就是用白俄羅斯文字出版的一種地方報紙。

蘇聯各報所刊載的政治新聞，一概由政府中央機關通訊社的塔斯社（Tass）供給；該社的主持人，是陀里茲基（J. G Doletsky），除了新聞報和真理報有特派記者駐在巴黎、柏林、羅馬、倫敦外，其餘的各報都沒有所以塔斯社在國內報業界，在供給新聞上佔有絕對的獨佔之權。

德國的駐蘇聯記者尤斯特（Just）批評蘇聯的報業說：『蘇聯報界缺乏有天才的記者，和革命時期相比較，真相差得太遠了。』這句話或許是他的偏見，不過報紙不在『自由』的氛圍中，是很難望其發達的。尤其在新聞從業員方面。

第五項　德國的報業

德國報紙唯一的特色就是地方主義色彩的濃厚；這完全是歷史造成的。我們知道德國的統一，還是近百年的事；在未統一之前，各邦各自爲政，無異是個小國家，因此只要居民有一千以上數目的小城市就會有一家日報出版，人民對於各地報紙竟稱爲『我的報紙』（Mein Blatt）。這個觀念因襲至今，使德國的報業受了這個地方主義的束縛，不能像英美的發達，有驚人的發展。所以打開德國的報紙，就覺得與英美的報紙完全不相同，大部分的德國報紙，多是小報的典型，小巧玲瓏，不像英美報紙的闊大；而且每天出版的頁數，也不及英美報紙多；同時每天的銷路，也遠在英美諸國之下，德國從來沒有一家日銷百萬份的報紙，例如從前銷路最大的柏林晨報（Berlin Morgenpost），也不過有六十萬的記錄，到了現在，幾乎減少了一半左右。我們研究一下德國報業不發達的原因，除了上述的地方主義而外，還有兩個原因：（一）國社黨的統制　報紙發達的唯一條件，就是要在民主政治之下，言論完全自由，可是德國自國社黨（Nazi）柄政後，即實行國社黨的新聞統制政策，言論界幾乎沒有一點自由，在這種不自由的空氣中，怎樣能希望德國報業有長足的進步呢？試看英美的報業自十九世紀以來，從未受到意外的阻礙，一直隨着現代產業而發展。（二）德國報紙的售價太貴，比法報貴五倍，比英報大三倍；原因於德國廣告事業的不發達，因此德國報紙唯一的出路，只有在讀者身上想法了。售價太貴的結果，使一般人不能多多訂閱報紙，尤其在經濟困難的德國。

德國報業的發展，是平均的普遍的，不但沒有托拉斯化的傾向，也沒有報業的中心，例如柏林的報業，還不及佛蘭克福（Frankfurt），和克倫（Köln）兩城。據一九三二年的統計，在全國二千一百九十一家報紙中，每天銷路的數目如下：

五〇〇份以內	六九家
五〇〇——一，〇〇〇份	一九五家
一，〇〇〇——二，〇〇〇份	四四八家
二，〇〇〇——五，〇〇〇份	七四〇家
五，〇〇〇——一〇，〇〇〇份	三五九家
一〇，〇〇〇——二〇，〇〇〇份	二〇五家
二〇，〇〇〇——五〇，〇〇〇份	一一九家
五〇，〇〇〇——一〇〇，〇〇〇份	三三家
一〇〇，〇〇〇份以上	二三家

德國報業的不發達，由上表完全可以看出。德國報界中人乃出來設法，補救這個缺點，先後成立了幾家具有托拉斯性質的「連環報團」，例如胡根堡報團（Hugenberg-Konzern）及集合公司（Konzentration A.G.）它們包括的範圍很大，除報館外，連通訊社、廣告公司、出版等都合併在一處。此外還有「無頭報紙集團」（Kopfblattkonzerne），不過這種「報團」的組織，與其說是出於經濟的結合，不如說它是政治的結合，所以在事實上，德國報業並未因此而有驚人的發展。

及至一九三三年一月三十日國社黨登台掌握政權後，德國的報業也就和德國的政治一樣，馬上變了顏色；凡屬社會民主黨、共產黨以及其他政黨的報紙，一律被政府當局加以封閉，希特勒並對報界表示「報業頂要曉得，報紙的本身並沒有目的，而只是一種工具；報紙不會有別的目的，它的目的只是替國家作一般政治生存的爭鬥。」這就是說，報紙應為國家宣傳做政府的代言機關。不久宣傳部長戈培爾（Dr. Goebbel）又作進一步的說明：「假如個人的自由與國家民族的自由發生衝突時，祇有犧牲個人的自由，而報紙恰居於中間的地位，處於國家與人民之間。所以報紙應該負起責任，替國家指導人民。」於是「言論自由」的神聖原則，在德國便視為不合理的了。至於國社黨統制新聞的具體辦法，是由政府主動，聯合十幾種與新聞事業有關的團體，組成「國家新聞協會」（Reichspressekammer），大權完全操在宣傳部長戈培爾的手裏，所以戈培爾不但是國社黨新聞政策的計劃者，同時也是德國報界的最高領袖。各報均受其指揮，所以在德國報上，再也看不到反對國社黨的言論了。

國社黨的統制新聞的政策，在其本身言，固然可說已獲成功，全國各報均在政府的統制之下，從未發現有反對政府的言論；但是另一方面，在報界却受一極嚴重的打擊；因爲一般民衆對於報紙發生一種惡感，不信任報紙所刊載的新聞，不接受報紙所發表的言論，因此在報紙的銷路上，竟一落千丈，因環境關係而停刊，固然很多；但因經濟困難而休刊的，也不一而足。上面我們説過，德國的廣告事業並不發達，而報館在經濟方面的來源，大部份是依靠讀者；現在報紙的銷路銳減，無異於宣告德國報紙的死刑，有的不能支持的，也祇好關門大吉，甚至國社黨的機關報德意志報（Der Deutsche）也因經濟困難，宣告結束，併入攻擊報（Der Angriff）裏去了；由此可見德國報業不景氣的程度之深刻化了。

最後介紹一張有世界聲譽的佛蘭克福報（Frankfurt Zeitung und Handelsblatt），創於一八五六年，日銷十萬份，發表的言論，素來站在客觀的立，國社黨秉政後還保持着原來的面目，所以在銷路上，現在還有過去的數目。

第六項　日本的報業

日本的新聞事業，也和別國的報業一樣，由個人經營時代，進而爲政治機關時代，更由政治機關時代，進而爲股份公司經營時代。在個人經營時代，一切都簡陋，例如東京日日新聞，是條野傳平與西野助傳兩人經營的，郵便報知新聞是前島密和太甲金右衛所合辦的。當時的報紙，不但篇幅狹小，而且每天的銷路也很少，所需的資本有限，所以可由個人經營。個人經營的報館，其內部的組織非常簡單，老闆、經理、主筆、編輯都是一人兼有的，至多需幾個助理。可是後來社會進步，教育普及，人民的智識水準增高，對於報紙的需要日切，於是報業一日千里，日銷增加後，設備勢必擴大，資本勢必增加。原有的組織更不得不加以改變。但是那時的社會背境還不足以支撐這樣規模的報紙，而一般無聊政客，都想利用報紙來宣傳；於是報紙也就有變質了，由個人主義色彩進而帶有很濃厚的黨派色彩。明治十二年至二十年間，是日本報紙的政治機關時代。但是報紙的內容，帶有政黨的色彩過於濃厚之後，往往會引起讀者的反感，因此銷路日減，而無立場的商業性質的報紙，因言論記載均極自由，沒有政黨的偏見，反爲一般讀者所歡迎，銷路日增，廣告的收入也激增，每年有極大的盈餘，於是各大報先後卸下了政黨的旗幟，在其本身的組織，也改爲股份有限公司的方式，專門以營利爲目的，言論記載，均無一貫的主張，而專門設法以迎合讀者的心理，企圖增加銷路，而在廣告上可以增加收入；換言之，每年的盈餘就可以加多。現代英美報業，都有同樣的情形，凡是商業性質的報紙，銷路大半在百萬以外，廣告擁擠，每年有極大的盈餘；可是政治性質的報紙，不論內容如何充實，立論如何正確，終不能吸收廣大的讀者羣衆。例如London Times, New York Times，日銷祇有二三十萬份。所以日本的報業也有同樣的情形，就是日本報紙也已完全商品化了。據新聞總覽一九三〇年的調查，日本主要報紙的性質和資本作一表格如下：

（社名）	（性質）	（公稱資本金）
東京、大阪朝日新聞社	株式會社	六，〇〇〇
東京日日、大阪每日新聞社	同右	一〇，〇〇〇

時事新報社	同右	五，二五〇
國民新聞社	同右	三，〇〇〇
中外商業新聞社	同右	二，〇〇〇
都新聞社	同右	一，三五〇
日本電報通信社	同右	一，〇〇〇
報知新聞社	同右	一，一〇〇
大阪時事新報社	同右	一，五〇〇
每朝新聞社	同右	一，〇〇〇
臺灣日日新聞社	同右	一，〇〇〇
北海泰晤士社	同右	八〇〇
滿洲日報社	同右	七五〇
東亞日報社	同右	七〇〇
名古屋新聞社	株式合資	一，五〇〇
新愛知新聞社	合資會社	一，五〇〇
福岡日日新聞社	同右	一，〇〇〇

東京每夕新聞社	同　右	三二〇
Japan Times社	匿名組合	五〇〇
新聞聯合通信社	組合組織	—
讀賣新聞社	國人經營	—

關於戰時的日本報紙，今年亞細亞雜誌（Asiatic, Jan 1939）發表了「蒙蔽民衆的日本報紙」一文，把日本戰時報紙的內容，說得非常清楚，茲采其要點，節譯如下：

「自從中日戰事發生以來，日本報紙從來沒有一次提及日軍所遭受到游擊隊的堅強抵抗，也從來沒有說到日軍的防線因遍佈的華軍反攻而潰敗。日本的民衆更無從想像到中國的抗戰是出於人民的自動，日本百姓的腦筋被迫地印刻上中國的抵抗侵略乃是「蔣介石和國民政府的強制」所造成。更應當要在本文中提及的，是日本的報紙從來沒有一句話說到日機空襲廣州漢口以及其他中國城市的慘絕人寰的結果。

「充斥於日本報紙的篇幅的，無非全是勝利，迅速挺進，和偉大的戰略的無窮盡的消息；此外更不厭其煩的時時刊載被佔領地的百姓與日軍敦睦「交誼」的故事和照片。海陸軍的航空隊常常爲了他們的「準確」轟炸到「軍事目標」而歡呼，那些「軍事目標」就是他們所憑空臆測的兵工廠、鐵路、碼頭、棧房和集中的軍隊。在報紙中，華軍和日軍的死亡人數總是保留着一個四十與一的永恆比例。千萬個日本人中間找不出一個人曾經聽到過台兒莊的名字。

『留心的人們大可以從裝回的戰死士兵的骨灰中推斷出『出征軍人』的命運。但是事實適得其反，因爲骨灰的數目既沒有明確的報告，而日本對其士兵的死亡也根本諱莫如深。通常當一批裝滿骨灰的小盒子運抵一埠一城之後，只有該埠該城的報紙有此消息，而那數字又是根據官方的公報，那當然是不會準確的。誰有興趣將所有的數字作一小小的統計，他必定會被逮入獄，須知這是給予軍部以多少的不利的。

『所有的電訊往往荒謬無稽。空戰的描寫，筆底下決不會顧慮到什麼戰略和人性的法則，最注重的要點是轟機師的技巧和勇敢。一個飛行員報告式地說他從兩架當前的華機中溜滑逃出，於是那兩架華機，當即「互撞」墜地焚燬。』

『總之日本的宣傳和新聞統制的政策，其目的乃在說服其人民，說戰爭的動機是「公正」的，並且勝利已經在握。日本人民的長時期被壓制，使這個政策的工作進行更加利便。但是無疑地，百分之九十的日本百姓希望遠東的恆久的和平，能夠早日建立起來。十數個月來，同盟社告訴它的百姓說，在漢口陷落之後，日軍即可「席捲那烏合之衆。」然而不可否認地，日本竟來了幾樣出於預料和在希望之外的收穫，那就是貧困的大衆對於整個戰爭的冷淡。』

第四節　我國報業的過去現在和未來

我國報業雖較之英美爲落後，但是最近六十年來進步的神速，實使吾人對於中國報業的前途發生無限的希望。

我國現代報紙的產生，都出自外人之手。一八五八年香港之孖刺報（China Mail），接受伍廷芳的建議，增出華文晚報中外新報，這是我國現代報紙的鼻祖。最初是兩日刊，旋即改爲日刊，該報號爲孖刺報所有，實爲華人單獨主持繼之而起的，在香港有德臣報（D ii Press），增刊華文版華字日報，由陳藹亭主持一切。在上海則有字林報（North-China Daily News）於一八六二年增刊華文版，稱爲上海新報，由西人伍德（Wood）林樂知等任編輯，所刊載之消息，大半譯自字林報。一八七二年英人美查（F Majer）創辦申報，於三月二十三日創刊，由吳子讓錢昕伯等主持館務。美查雖爲商人，但知『此報乃與華人閱看』，對於言論素不加束縛。光緒十四年美查乃添招外股，改爲美查公司。光緒三十二年，大權落於席子佩之手，民國元年席將申報售於史量才，自此申報始完全歸於華人。一八九三年中外商人合組出版新聞報，推英人丹福士爲總董；一八九九年丹福士營業失敗，新聞報乃爲美人福開森（John C. Ferguson）購得，任汪漢溪爲總經理。

在天津則有津海關稅務司德人德璀琳（S. Detring）於一八八六年十一月六日創辦時報。在北平亦有德人創辦一北京日報。但到現在還能巍然存在的，祇有上海的申報和新聞報而已。

洋商報紙的先後創辦，予國人無限的啓示，一則引起國人對於報紙的需要，另則使讀者感到洋商報紙的言論，隔靴抓癢，不切實際；於是國人自辦的民報，便風起雲湧了。最早當推同治十二年在漢口出版的昭文新報，次爲同治十三年在上海出版的滙報，在香港出版的循環日報，而至今碩果僅存的，祇有香港循環日報一家。及至孫中山先生出來領導國民革命之後，宣傳三民主義，鼓吹革命的報紙，更似雨後春筍、蓬蓬勃勃，頗有生氣。最早的當推光緒二十五年在香港出版的中國日報，其次爲蘇報、國民日報和民報。蘇報初爲胡璋所經營，至延吳敬恆爲主筆後，完全爲光復會鼓吹革命，介紹鄒容主持愛國學社所發行的革命軍一書，後遭清朝的嚴禁。國民日報亦爲蘇報中人所辦，亦時遭清朝的壓迫。至於民報係在光緒三十二年發行，初由張繼任編輯，汪精衛、胡漢民等時撰文在民報發表，鼓吹革命，宣傳三民主義。

至民國成立後，人民知識水準提高，不但在通都大邑如上海、天津、北京、廣州、香港等處的報業，頓呈蓬勃之象，即在內地如漢口、武昌、南昌、杭州、福州等地，報業的興起，均有如雨後的春筍。據一九三六年五月的調查，全國報業列表如下：

全國報館刊社調查統計表 民國二十五年五月二十日調查

省市＼刊期	日報	週刊	旬刊	半月刊	月刊
上海市	五七	四四	一一	五〇	一四四
南京市	三七	三七	一二	一九	九二
江蘇	一八一	三三	二〇	二三	六二
浙江	六六	二六	一一	一六	四二
安徽	四四	一三	四		八

福建	二〇	一一	一	一	七
廣東	八八	二八	[illegible]	八	六一
廣西			一		三
江西	三九	九	四	三	一〇
湖北	五四	一五	一	三	一七
湖南	三三	一五	二	三	一
青島市	一九	三		一	六
山東	二九	六九	三	三	一三
威海衛	二				
四川	五〇	一八	三	六	三
貴州	一			二	
雲南	一六	三		二	二
河南	二八	九	七	四	七
北平市	四六	二一	三	八	五四
河北	五二	三九	七	一八	三〇
山西	一〇	一	二		九
陝西	七	一	二		八
熱河	一				

察哈爾	綏遠	寧夏	甘肅	新疆	青海	西康	大連	東三省	總計
四	六	二	五		二		五		九一二
三	四		一〇		三				四二三
									一五二
	一								一八四
三	二		七						五九一

至一九三七年全面抗戰爆發後，我國新聞界亦能配合各方的情形，在「抗戰建國」的原則之下，發揮戰時新聞的任務，增強抗戰的力量。但是受到敵人的摧殘也特別大。即以大公報而論，當平津淪陷，環境全非，言論不自由時，首先將天津版停刊，將印刷機器南遷，籌備在武漢出版；及至大上海淪陷，日人在滬要求檢查新聞，大公報滬版，又以報格之不可受辱，忍痛於一九三七年十二月十五日與上海讀者暫時告別，而到香港籌備港版；再至武漢危急，大公報武漢版，料至離放棄武漢之期不遠，復遷至重慶出版，及至今年五月，重慶遭日機的濫炸，大公報亦在被炸之列，可是大公報一再內遷，在精神上不僅不稍感氣餒，反而較前更加振作。同時中央日報設

總社於重慶，而於長沙、貴陽、昆明各地，出版地方版，表示出我國新聞界在抗戰期間，仍能站在他的崗位上，發揮他宣揚抗戰鼓勵士氣的使命，而加強一般讀者對於抗戰必勝和建國必成的信念。誠如蘇聯輕工業日報的盛讚中國報紙的奮鬥精神云：「中國報紙目前組織之嚴密，與夫彼等尚武精神之露示，為中華民國有史以來所未有，新中國數百萬人民之醒覺，為彼等抗戰之最有效利器。而中國之報紙亦在抗日戰爭火焰中長成。中國之抗日鬥爭，已將中國報業完全改觀。在戰事爆發時，中國報紙即已領導全國民眾對日本侵略者作有組織之抗戰，如大公報等屢載名人作品，鼓勵民眾抗戰，同時中國報紙之前鋒，已擴至淪陷區，鼓勵人民為自由獨立而抗戰。總之，在此次中國民眾為獨立抗戰史中，中國報業已獲得不可磨滅之光榮地位。」

在抗戰期間，中國新聞事業更有新穎的特色，就是展開敵人後方的新聞工作，變敵人的後方為我們的前線。將淪陷區劃分為若干區域，每一個區域，都有一個新聞的堡壘。上海當然也是其中最重要的一個堡壘，因為環境的不同，都用洋商的名義出版，例如文匯報是英商，但內部都是由中國人主持，所以出版不及一月，就趕上新聞報的銷路，首創了中國報界的新紀錄。後來不幸突然變質，確是上海新聞界的一大損失，這也是依賴外人終不是辦法的一種證明。

中國抗戰獲勝後，在政治上必趨於民主化的一條道路。而民主政治必定要在言論自由的氛圍裏，逐漸成長起來。所以中國報業的前途實有無限的希望。願我國報界同志，加倍努力，以迎頭趕上各先進國家的報業。

第三章　現代報館的組織

現代報業的特質，一言以蔽之：報紙商品化，報館托拉斯化，管理科學化：其最終的目的，在利潤的取得。但是報館資本的需要逐漸增大，同業之間的競爭更是愈演愈烈，因此在報館本身的組織上，不得不下一番工夫，力求其嚴密緊湊，使各部份分工合作，同時再施行科學的管理，以提高工作的效率，而增加利潤。因此使哈林頓教授（Professor Harrington）也不得不說：「研究如何能使報館獲得利潤，確是今日報業最有價值不過的事情。」所以無怪茜右（Thayer）在其報業經營（Newspaper Management）一書中說：「營業主任應該知道這一星期來的營業狀況，和前星期及去年這一星期比較起來的情形如何。他也要知道某部份的開支是否太大，某部份的收入是否太小。他更應知道廣告價目和定報價目的增減，是否要減少報館的業務。」這種唯利是圖的經營政策，到現在的確十分需要了。

報館中最重要的部分，一是擁有該報館財產的公司，另是報館的本身。我們應該把這兩部份的組織分開來說：

第一節　公司組織

從報業的發展史上看來，報業組織的演化，也像普通商業性質的公司一樣，最初是單獨一人經營（Single Enterprizer），進一步是合夥經營（Partnership）再進一步成爲現代的公司組織。這種現象最清楚的莫過於美國的報業，例如富蘭克林（Benjamin Flanklin）辦報，不但一人辦報並兼售各種印刷用品。就是巴奈德（Gordon Bennatt）一八三五年創辦民聲報（New York Herald），格李萊（Horace Greeley）辦講壇報（New York Tribune），最初都是唱獨脚戲的，其後逐漸發展，由合夥而變化爲現代的公司組織。究其原因，不外乎兩點：（一）現代報館的固定資本大，沒有幾百萬的資本不能在大都會中辦報；而籌劃資金最便利的方法，莫過於有限公司（Joint-Stock Company）的組織。所以獨資創辦報紙，在歐美已不多見。此其一。（二）合夥經營的方法，已爲時代所擯棄了。不但不適宜經營，就是別的企業也沒有合夥經營的了。

其實現代報業組織的最高形態，並不至公司組織爲止。自從英美連環報團（Newspaper's Chain）誕生以來，現代報業很明顯的踏上托拉斯化的途徑了。老實說，這也是現代報業當前的危機。

至於公司組織的權力系統（Line of Supervision），列表如下：

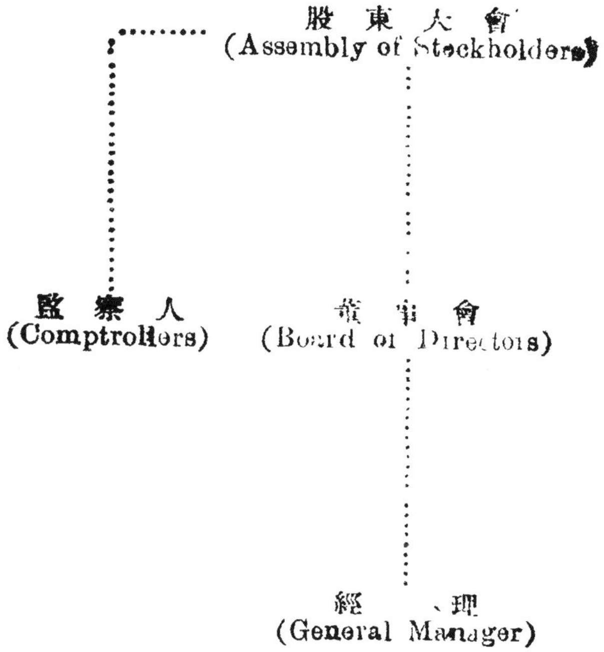

（一）股東大會（Assembly of Stockholders）——股東大會是公司的最高意志機關，由董事會召集，監察人認爲必要時，也可以召開。至於股東大會的權力範圍，至爲廣泛，具體地說來，有下列諸端：（一）章程的修改；（二）公司債的募集；（三）資本的增減；（四）公司的解散或合併；（五）董事監察人的選任及解職；（六）董事監察人薪金的議定；（七）盈餘的分配；（八）紅利的分派；（九）簿册的承認；（十）淸算人

的選任及解職；（十一）清算的承認。關於別的方面，與普通商業性質的公司相同。

（二）董事會（Board of Directors）——董事會是公司的執行機關，對外代表公司，對內執行業務。實際上公司的業務，完全委託經理執行，不過經理的選任和解職，概由董事會決定。

（三）監察人（Comptrollers）——監察人是公司的監督機關，監察人人數的多少，我國法律不加限制，其職權最重要者有三：（一）隨時調查公司財務的狀況，向股東大會報告；（二）在特殊情形下，可代董事會召開股東大會；（三）必要時亦可為公司的代表。

總之，報館公司組織，完全與普通公司相同，故不詳述。

第二節　報館內部組織

各國報業組織，各不相同；但歸納起來，不外三種：第一是獨裁制或軍隊式（Dictatorship or Military Type），首腦直接支配各部分負責人員。因為首腦的不同，又分總經理制度（General Manager System）與所有權人制度（Owner-Operate Type）。關於前，英國文匯報館的組織，就是採取的總經理制度。董事會雖選出一人為董事長，但董事長並不參加實際工作，一切業務概委托總經理執行。所有各部均由彼直接支配。

（1）編輯部主任（即主筆兼總編輯）
（2）營業部主任（兼廣告主任）

總經理——(3)發行部主任
　　　　(4)印刷部主任

至於所有權人制度，則爲規模較小的報館所採用，即董事長參加實際工作，自設總經理及總主筆，館中所有人員概由其支配，所以他在公司是公司的最大股東，在報館則爲最高指揮者，營業政策固由他決定，但公司的虧盈，實際上也等於他一人負責。

第二是分權制(Functional Type)，就是報館內各部分的人員，在其職務範圍內，均有最後的決定權，這種制度最大的特色，就是總經理與總主筆的地位平等，各不相涉。總經理專司報館的業務，對於編輯部的事情，不加過問；換言之，即總主筆對於編輯部有絕對的權力，不受總經理的牽制。同時在編輯部的本身，也實行分權的制度，例如國內電訊編輯，國際新聞編輯，本埠新聞編輯，以及副刊編輯，在其職務範圍內，亦有最後的決定權，不受總主筆的干涉。申報編輯部的組織，似乎是採用的分權制，不像新聞報各版編輯發稿，不得總主筆的批閱不能發排。

第三是均權制 (Staff and Line Organization)，這是最合理想的制度。報館的最高層，固然仍是總經理或發行人，對於整個報館的事務，有管理的權力；但遇到重大問題時，即召集各部主管人員來商量對策。例如討論一個如何增加銷路的問題，當然要各部份主管人員發表意見，並切實勵行決定的辦法。關於編輯部方面，要求報紙內容的改進；關於印刷部方面，則須提早出版時間，印刷力求其清楚；關於發行部方面，如何使發行便、利與迅速；關於推廣部方面，要如何才能增加讀者訂閱問題是整個的，當要求各部份的和諧合作，才能使報業發達，這種組織尤其適宜於新創辦的報紙。

現代報業組織的方式，雖然有上述的三種，但是報館內部所分的部門，卻大體相同。

（一）總經理處

(1)總經理

(2)協理

(3)總務

(4)文牘

(5)稽核

(6)會計

(7)收發

(8)庶務

（二）編輯部

(1)主筆（Editor-in-Chief）主持報館的言論及決定社論政策。

(2)總編輯（Managing Editor）主持各版新聞。

(3)國內電訊編輯 (Editor of National News)

(4)國際新聞編輯 (Editor of International News)

(5)本埠新聞編輯 (Editor of Local News)

(6)採訪 (Reporter)

(7)通信編輯 (Correspondents Editor)

(8)文藝編輯 (Literary Editor)

(9)校對 (Proof-Reader)

(10)圖書管理

(11)教育新聞編輯 (Educational Editor)

(12)經濟新聞編輯 (Financial Editor)

(13)翻譯 (Translator)

(14)考核

(三)營業部

(1)營業主任 (Business Manager)

(2)廣告主任 (Advertising Manager)

(3)發行主任 (Circulation Manager)

(4)出納 (Cashier)

(四)印刷部

(1)印刷監管 (Foreman Press Room)

(2)活版監管 (Foreman Composing Room)

(3)澆鑄監管 (Foreman Stereotyping Department)

(4)製版監管 (Foreman Photo-engraving Department)

第四章　社論

第一節　社論的功效

現代報紙是社會的燈塔，其唯一的任務，在給讀者以光明（Give the light to the readers），指示其可循之大道。報紙的社論，就負着這種重大的任務。一般人常說報紙能製造輿論，這句話實在是錯的，報紙的本身不能製造，祇能引導輿論。報紙每天所發表的社論，其作用不過解釋新聞事實，引導輿論吧了。如果把它當作輿論，這種輿論，決不是社會的意思表示，也沒有社會的力量，而是報社的意見。報紙站在公正不偏的立場，由經驗學識一齊豐富的總編輯或主筆，執筆撰文，對於當日所刊載的重要新聞，加以詳盡的全面的解釋和分析，再加以可能的推測，暗示讀者對此問題，可抱何種見解與態度，引導一般輿論走入正軌。這種輿論形成之後，才是社會的輿論，才有社會的力量。不過有一例外，卽有時報社深知一般人士對於問題的見解，而代表民衆撰述社論，這當可視爲輿論，一般人常說報紙是民衆的喉舌，代表民衆說出要說的話。

社論旣負有引導社會輿論的任務，所以報紙之與社論，猶如人之有靈魂。大公報的所以爲全國所注意，就在其有完善的社論。現在一般研究新聞學的學者，看到英美銷路最廣的報紙，都不甚重視社論，乃對於社論一門，不願多下研究苦工。實在是一大錯誤，殊不知倫敦泰晤士報（The London Times）和紐約泰晤士報（New York Times）的社論，均有極大的力量，對於內政外交不論發表何種意見，不但爲讀者所注意，且爲政府當局所重視。如果我們以新聞學的理論來評議將來社論的趨勢，則可預料到社論在報紙復將佔最重要的地位。它解釋時事，發表意見，引導輿論，不但有教育的功能，抑且爲啓迪民智的重要工具。

至於社論的含義如何？尙有待詳加解釋的必要。我國所謂社論，即英文中的 Editorial 或 Leading Article，而日本報紙卻稱爲社說。不過我們可以下一定義：『社論是代表報館的意見，對於最近發生的主要事情，有所解釋批評及主張，以引導社會輿論的論文。』詳細說來：第一，社論是一種評論文，而不是不切實際的普通論文。所謂『論，』說文謂之『議也』，廣韻謂之『說也』，周官賈疏謂之『直言之也』，文心雕龍謂之『稱論羣言而研精一理也。』劉勰則謂：『昔仲尼微言，門人追述，仰其經目，稱爲論語；蓋羣論立名，始於茲矣。』第二，社論是代表報館意見的論文，所以撰述社論者，對於報館的政策及立場，必有澈底的認識；否則所撰社論，恐不能代表報館的意見。不能代表報館意見的論文，不能稱爲社論，祇能稱爲「時論」「來論」或「專文。」申報因請館外人士撰述論文，故不稱爲社論，而稱之時評。大公報每週請專家撰述星期論文，所以不稱爲社論者，因其不能代表報館之意見。第三，社論有時間性，即社論所評論的事實，必爲最近新發生的重要事情。它和新聞同樣具有時間性；最合理想的，今天的社論，即評論今天報內最重要的新聞，否則隔一天評論，就失去了時間性；尤其在報業競爭日益劇烈的今日，如他報已有評論發表，而此落後一天，尤爲讀者所不歡迎。第四，社論是解釋批評及主張的評論，尤貴洞悉眞相，態度公正；所作的解釋和批評，完全根據事實與理論；所發表的主張，更是大公無私。這才是最合理想的社論。第五，社論是指導讀者引導輿論的評論，而不是代表某一方面所發表的成見。因爲社論本身，原來就不是輿論，僅能領導輿論，形成輿論。所以撰社論的人，一定要抱着以指導讀者爲目的的信念。誠如日本新聞學家千葉龜雄氏所謂：『新聞又如教會，在教會有非常偉大的牧師，如果講述經義，必有幾千人環而傾聽，受其力量的感化；新聞記者，恰如傳教的牧師，應在新聞上說教。』

第二節　社論會議

社論既負有解釋時事引導輿論的任務，所以執筆爲社論撰述的人，對於國家社會的大事，當須有澈底的瞭解；同時社論又是代表報館發表意見，對於報館的歷史政策立場以及態度，更宜有絕對的認識。所以主持社論的人往往爲報館最負責的人物，普通不是主筆，就是總編輯。不過近代社會生活日益複雜，在各方面均有重大事件發生，因此每天的社論概由一人執筆，勢爲個人能力所不及；如果特約館外人士撰述社論，又恐不明瞭報館的立場及其社論政策，所撰之文不能代表報館方面的意見。因此大規模的報館，均有社論會議（Editorial Conference）之設立。支加哥的講壇報（Tribune）社論會議每星期舉行六次，每次討論時間爲三小時。社論會議的委員，大半是專家，各分擔一部份的責任。有的是研究國內政治的，國際關係的，經濟問題的，社會問題的，以及研究教育的。我國大公報也有社論會議的設立，是由主筆張季鸞、總經理胡政之、編輯主任王芸生以及若干專家所組成，不過並不十分嚴格遵行。我們姑以支加哥的論壇報為例證，說明社論會議的情形。論壇報所發表的社論，都是經過社論會議決定的，所以一概不署私人的姓名。社論會議大概都是在早晨舉行，參加的份子，以主筆副主筆，總編輯總經理也參加，此外還有諷刺畫家以及所有社論撰述人。開社論會議時，先由大家提出該日應寫的題目，題目既經決定後，然後由各位社論撰述人發表意見，說明報紙應取的態度，加以討論，然後綜合各方意見，成立折衷辦法，最後決定某題由某一位撰述人去寫。不過有一個慣例，就是對於決定的結論，不表示同意的人，社論會議決不勉強他去執筆，使他精神上感到困難。寫社論第一要義，在求其快，所需的時間，最多不得超過二小時。所以社論撰述人每日的工作，有下列各端：（一）在早上的社論會議席上，決定社論的題目及指定寫社論的人；（二）決定報館對於該問題應取的態度及對策；（三）將社論於一二小時內寫就；（四）以社論稿件交給主筆，請其核准；（五）交給編修人（Copy Reader）讀過一遍，文章中有無偶然的錯誤，如拼字及標點等；（六）稿子發排，排好的校樣分送主筆，撰述人，及編修人；（七）主筆或撰述人，再將社論稿子修正一遍；（八）改正後，第二次校樣送總主筆，他可以要求修正，增删，或重寫；（九）社論版排好，大樣經總主筆看過，於是即可付印。

第三節　社論體裁

社論的體裁，並沒有一定的方式，不過一般常說社論的體裁有四種，一為定義體（Editorial of Definition)；二爲解釋體(Editorial of explanation)，三爲辯論體(Editorial of Argument, or Controversial Editorial)；四爲其他雜體(Miscellaneous)。

（一）定義體——因爲現代社會現象的複雜，使讀者不能對於任何問題均能有深刻的瞭解，甚至有許多名詞，不能分別清楚。報紙既欲以現代知識灌輸給讀者，故有許多社論採用定義體裁，以最簡單最明白的文字，向讀者解釋。我國報紙的社論版，每天以刊載一篇社論爲限，所以定義體的社論，不易多見；但在英美報紙的言論版，地位大，每天除了一篇重要的社論外，還有幾篇簡短的社論；這些簡短的社論，常發現是採用定義體的。例如讀者對於海牙法庭(The Permanent Court of Arbitration)與世界法庭(The Permanent Court of International Justice)，第三國際(The Third International)與國際勞工局(International Labor Organization)，非常任理事(Non-permanent Member)與半常任理事(Semi-permanent Member)等，究有什麼區別？在我國報紙的社論，很難找出一個例子。作者在一九三八年三月二十二日爲文匯報撰一社論，題爲美國的外交政策，把「光榮孤立」「中立法」「平行外交」等名義，作一定義式的解釋，姑爲之例：

『正當歐洲風雲緊急的時候，美國外交政策的基本原則，由國務卿赫爾以公開演說的方式發表了。從其演詞的內容看來，不過重申去年七月十六日的宣言；但在世界多事之秋，遂增美國在國際上發言的決定權；尤其在遠東方面，白宮裏的一言一動，無不直接或間接影響及遠東的局勢，所以國務卿赫爾的演說，重申其和平外交政策的基本原則，自當值得我們的重視，對於遠東局勢，究有何種影響？更有提論加以闡明的必要。

『光榮孤立』是美國傳統的外交政策；『不捲入戰爭的漩渦，』是美國人民普通的心理。所以在一九一四年歐洲大戰爆發之初，美國爲不捲入戰爭漩渦計，便制定一種『中立法』對歐洲列强宣示，決不參戰幫助任何一方面。後來眼見得自己的利益橫遭摧殘，受到戰禍嚴重的威脅，不得已乃挺身而出，參加協約國方面作戰。經過這一番的教訓之後，美國人民在外交政策上，便發生孤立主義與國際主義的紛歧。在前者以爲美國參戰，徒然犧牲生命財產，結果一無所獲；今後對於美洲以外的事情，切勿干涉預問，以免再捲入漩渦。而後者卻認爲：如欲保障美國的海外權益，維持美國的威望於不墜，對於國際上所發生的問題，不能不出而過問；即使需要武力保衛，亦在所不惜。政府處於兩派的夾攻下，當採取折衷主義，推行其所謂『平行外交政策。』一方面認爲處於今日的世界，國際關係息息相通，世界的任何一角，如不幸發生戰禍，美國勢必受到不利的影響；是以對於美洲以外的事故，也不得不出而過問。另方面也認爲干預世事，如果太積極了，而其結果，勢必捲入漩渦，直無異於自投羅網。所以在義阿戰事爆發的前夕，歐洲局勢的嚴重，臻於極度之時，美國便電彈旨曲，成立了一種『中立法，』宣示美國的對歐政策，在理論上仍以孤立主義爲基礎。到了去年八一三中日戰爭發生，美國當局雖一再表示，不致援用『中立法；』但孤立派的到處活動，使人不得不抱無限隱憂。及至去年十月五日羅斯福總統在芝加哥發表驚人演說，公然指摘孤立主義，在目前紛擾的國際形勢之下，『欲避免此種混亂與不安局勢之波及，決非嚴守孤立與中立所能奏效者也。』『任何國家欲完全孤立，殆爲不可能之事。』『吾人雖已決定置身於戰外，然不能擔保不被捲入戰爭漩渦。』本來孤立派受了這一次致命的痛斥，自當可以銷聲匿跡；但隔了相當的時日之後，他們的活動又起，一面督促總統對於遠東戰爭，施行中立法；並有人建議宣戰要經過公民投票，甚至有人主張退出遠東。但是羅斯福總統仍一秉其貫徹主義，埋頭於國防建設，受了『潘納號』的刺激，決以八萬萬美金的巨款，擴充海軍，並與英國保持密切的關係，例如派遣軍艦參加新加坡軍港落成典禮，以及與英法共同向日本提出强硬抗議，要求日本宣佈其造艦程序，否則即援用梯形條款，建造三萬五千噸以上的無敵艦。對於菲列賓的獨立問題，也將無限期的展延，麥克魯特之言：『美旗一下，菲島即將成爲流血的戰場。』由此種種，均可以看出美國的外交，已不再徘徊於孤立與國際主義的歧路上了。這次赫爾演說中申其外交政策的具本原則，表示『無論在遠東或在太平洋區其他部分，在歐洲或在世界其他各處，均應維持國際關係中有秩序的進程。』無疑的，這是美國外交政策以國際主義爲基調的露骨表示。而且最惹人注意的是孤立派並未立即發生反響。蓋美人看到歐局的日趨嚴重，人類的浩劫就在目前，自必油然而生贊成政府改採國際主義的傾向。

總之，美國深感到國際形勢的日趨嚴重，而欲維持國際間有秩序的進程，則非挺身而出，與愛好和平的國家切實合作不可。吾人亦認爲，侵略國家的跋扈飛揚，實由於和平國家的縱容姑息所致。今後欲謀國際間有秩序進程的維持，實賴愛好和平各國站在一條反侵略的陣綫上，對於正在進行中的侵略暴行，固須立即加以撲滅；然而對於將來發生的侵略事故，也要及時加以預防與制止。如此，世界和平始可有期。最後美國的外交政策，隨着其海軍實力的加强而趨積極，由『孤立』而『平行，』由『平行』而傾向『國際主義，』在其過程中羅斯福總統的『爲政不在多言』的政策，是值得吾人贊同的。而且在不久的將來，美國將有一種爲侵略國家意想不到的有力表現，世界和平必將藉此而得保無虞。』（文匯報廿七年三月二十二日）

（二）解釋體——報紙的任務既在報道新聞與解釋時事，社論最好的體裁，當推解釋體；現代報業又有一新的趨向，就是完全站在第三者的立場，報道消息固須忠實、解釋時事亦應客觀，大要都主張少發表意見，報紙僅把時事的來蹤去跡解釋清楚，而不加以絲毫批評，也不發表任何主張，好壞是非，由讀者自己去判斷。尤其是美國的報紙，所刊登的社論，大半是這樣體裁。有人說社論最容易滿足讀者，但同時又易引起讀者的反感，而且容易招致各方的嫉恨，因此有許多商業性質的報紙，都不願在社論方面努力，深恐得罪其他。例如新聞報的社論，一方面是由選述人署名，表示此文僅是選述人私人的意見，而非報館方面的意見。他方面在社論的本身，都是不着邊際的空論，大半是採取的解釋體。例如一九三七年五月我在新聞報任編輯時，曾爲該報撰一社論，題爲英帝國會議前途的暗礁。現抄錄如下：

這次英政府召開帝國會議的目的，直截了當的說，是企圖重開渥太華會議，以加強「大英集團」的壁壘。英首相鮑爾溫所宣布帝國會議的議題：（一）外交問題，（二）國防問題，（三）憲法問題，（四）商業海運與航空交通問題。這些都不過是向世界投一烟幕彈而已。其最重要的基調，卻是英本國與其自治領的經濟關係。

原來自一九三二年渥太華協定成立以後，英國即放棄其傳統的自由貿易政策，而改採保護關稅政策。以致形成世界集團經濟的趨勢，也就是使世界經濟走上了亞緊甚的道路，一方面各國的關稅壁壘愈築愈高，另方面如「泛美經濟集團」等，也風起雲湧，日本更幻想組成日「僞」華經濟集團，以與「大英集團」相抗衡。但是這種經濟政策風行的結果，使世界經濟悲慘地陷於衰落的境地。反映到國際政治上去，也就成爲國際政局不安的唯一因素。於是乃有比利時首相齊蘭美總統羅斯福的倡議，召開世界經濟會議，以減除國際貿易的障礙，而謀世界的和平與經濟的繁榮。這在英屬各自治領亦深表同情，認爲世界和平應以經濟合作爲基礎，加拿大總理金氏，在帝國會議中的演說，反對保守黨的保護貿易政策，而主張減除國際貿易的障礙，要求帝國會議修正渥太華經濟協定。其同心可謂昭然若揭了。

然在英國勢難放棄其保護貿易政策，而任大英經濟集團趨於式微。因爲這是保守黨的得意傑作，而且在事實上，保護貿易政策也發生了相當的功效。自渥太華經濟會議後，英帝國各自治領進口數量已由一九三一年的百分之二十九，升到百分之四十，各自治領的出口亦由百分之四十四增至百分之四十九，這更是主張保護貿易政策的保守黨要人張伯倫氏所引爲滿意的事。不久英內閣將要改組，繼鮑爾溫之後的又正是這位張伯倫氏，如何能希望他改絃更張呢？

現在帝國會議還沒有閉幕，各自治領仍堅持着要求討論大英帝國的關稅政策，而英國本國則認爲不合時宜。在艾登報告外交政策中，表示出德義軸心將危及歐洲的和平，至少在目前還談不到世界經濟合作。但是各自治領却一再宣示英國外交應以經濟爲基調，股望歐洲的市場，能爲各自治領所出產原料的市場，因此，要謀經濟上的發展，就不得不先安定歐洲的政局，而成爲歐局不安定的因素的集團經濟，當然要首先設法消除。

所以大英帝國會議的前途，潛伏着重重的暗礁，而尤以貿易政策問題爲其致命傷，說不定要因此而不歡而散。因爲這是英本國與各自治領根本相矛盾的地方。

雖然，在老辣狡猾的英國外交家的手腕中，一定終能另闢蹊徑，謀得妥協的道路；但是這個暗礁是無法解除的，僅能暫時避免這個暗礁而已，這個暗礁遲早還是大英帝國前途的一個障礙。我們決不危言聳聽，或幸災樂禍，大英帝國總有觸礁的一天。精明能幹老辣靈活的英國外交家，爲大英帝國的前途計，在目前對於各自治領的要求——和平與繁榮，不能不予以愼重的考慮，而將英本國與各自治領之目的矛盾——暗礁，消滅於無形。（新聞報民國二十六年五月二十五日）

解釋體的社論，最爲普通，現再抄一文爲榜樣。題爲蘇聯選舉成功的意義，也是作者爲文匯報所撰述的：

蘇聯各共和邦最高蘇維埃的選舉，已於全蘇男女選民歡呼聲中結束了。各邦選舉的結果，已陸續發表：一齊有全邦百分之九十九的選民，參加投票；參加投票的百分之九十九，皆選舉史太林派候選人。這是蘇聯新憲法嘗試成功的初步，同時也是蘇聯政治益見穩定的鐵證。從此不獨史太林在國內的領袖地位益見鞏固，就是蘇聯在國際上的威望，也增高不少。所以這次蘇聯大選成功，無論在對內對外的關係上，均有異於尋常的意義。

蘇聯近年來不斷的清黨肅軍，常使世人發生疑慮，以爲蘇聯內部不鞏固，黨派分歧，因而爲社會主義國家的前途發生無限的杞憂。其實蘇聯不斷的清黨肅軍，在建設社會主義國家的過程中爲必然發生的一種汰腐新生的作用，不但不致減弱蘇聯的實力，反足以增强建設新國家的活力。外界所傳的種種，無非是反蘇聯的法西斯國家所放出來的毒氣，因爲他們無時無刻不在希望蘇聯的土崩瓦解；可是這次蘇聯大選的成功，史太林領袖獲得空前勝利，就是給他們一個最實際的答覆。因此，所有的毒氣和疑慮，均可以一掃而去了，蘇聯的民衆，都有一種深刻的認識，强烈的社會革命情緒，時時自覺到自己肩上所負使命重大，要在他們的手裏，完成社會主義國家的建設；所以他們個個都知道刻苦自勵，在他們的領袖史太林的領導之下，向着社會主義國家的坦途邁進。

蘇聯自社會革命成功後所行的政治，是無產階級獨裁的政治，史太林的政權，也完全建築在獨裁的基礎上。但是近年來蘇聯埋頭建國，在各方面均獲得了人類史上空前的成就，使蘇聯政治有傾向民主化的可能，因此乃有這部嶄新的蘇聯新憲法的產生。這部嶄新的憲法最大的特色，在使蘇聯政治，由獨裁的階段走向民主化的坦途。這次依照新憲法而舉行的大選，史太林又獲空前大勝，一則可視爲蘇聯政治由獨裁轉入民主的嘗試成功，蘇聯將爲世界上最民主化的國家。再則在這次大選中，可以看出蘇聯民衆自動真摯擁護史太林的熱忱。史太林即能獲得民衆的熱烈擁護，自能在他的一生中完成建設社會主義國家的任務。

蘇聯政治的突飛猛進，和史太林的成功，在國際上自有重大的意義，就是蘇聯的國際威望，將益見增高了。凡是蘇聯的朋友，對她將更加好愛，所期望於蘇聯的，自然也格外殷切；在另一方面，凡是蘇聯的敵人，對她益加畏懼，說不定也要促成她們反蘇聯的急進，這兩種力量的消長，勢將爲決定未來國際形勢的重要因素。

最後我們對於蘇聯當局，貢獻一言。蘇聯外交既以『和平』爲基調，李維諾夫於前日演說，闡明蘇聯外交，反對與侵略國家妥協。因其徒足鼓勵侵略國繼續侵略。對於日本之侵略中國，自應聯絡其他愛好和平國家，予以有效的制裁，此其一。在中國一年來的抗戰中，蘇聯的供給中國以絕大的同情與援助；中國人民對於蘇聯的友情，當然很感激。今後蘇聯更應積極援助中國，使中國早日獲得最後勝利，此其二。蘇聯的和平外交，如欲獲得成功，則英美的友好，是不可忽視的，美蘇自復交以來，兩國邦交，雖日臻親密，但望能進一步合作，以美蘇兩大國家的合力，以奠定太平洋的大局。至於英蘇關係，尤望李維諾夫能運用其靈敏的外交手段，力求英蘇關係的密切。因爲這兩大國家，是世界和平陣線中的兩大台柱，如果英蘇在任何國際事件中，步調異趨，那末其結果徒然有利於侵略國家而已，這是我們最後的一點希望。（文匯報民國二十七年七月十日）

（三）辯論體——這種體裁的社論，在發表報館的主張與意見，把它的主張的理由，一一說出來，以壓倒別人的主張；而在讀者的腦海中，留一極深刻的印像。過去大公報的社論，都採用這種體裁。茲抄錄作者在文匯報所撰述的社論一二爲例：國聯應即對日實施經濟制裁：

中國代表顧維鈞博士既已向國聯行政院提出關於中日爭端的申訴，要求國聯實施盟約第十六條，採取有效的手段，從速制止日本的侵略暴行；國聯行政院復於昨日公開討論中日爭端。吾人素抱和平主義，信奉國聯原則，認集體安全制爲維持世界和平的唯一途徑，願乘此時機，向國聯行政院建議，對於日本的侵略暴行，應即實施經濟制裁，以撲滅遠東延燒中之侵略野火，而爲遠東重樹和平秩序之基。這不獨是中國一國之幸，就是世界各國，也可因威脅世界和平的一大危機的消滅，而逐漸走上和平繁榮的坦途。茲就所見，陳述如下：

第一，中國人民愛好和平，對國聯原則，集體安全制，始終信奉不渝，自「九一八」事變以來，無日不期望國聯發揮其力量，以重奠遠東之安定局勢；中國政府，亦以國聯主義爲其外交政策的基調，對日本的侵略暴行，唯國聯是賴，其後國聯僅作一不承認日本武力侵犯中國領土的空泛決議，而未見具體的行動。中國民衆雖然深感失望，但仍信國聯爲目前國際政治上維持世界和平的機構、到了去年中日戰爭爆發，中國仍將日本的侵華暴行訴諸國聯，國聯會於去年十月六日通過一決議案：「大會表示對於中國予以精神上之援助，並建議國聯會員國，應避免採取一切行動，其結果足以減少中國抵抗之能力，以致增加中國在現在衝突中之困難，又建議國聯會員國，應考慮各該國能單獨協助中國至何種之程度。」今年二月三日國聯行政院復作鼓勵國聯會員國單獨援助中國之決議，但是均未能積極實行，中國向國外購運軍火及軍用品，亦未見得有何便利。中國民衆雖受此刺激，但對國聯的信念，依然未變，尚期待國聯的援助。這次行政院開會，顧代表的提出申訴，其原因亦即在此。所以中國是國聯的擁護者，在理論上國聯對於中日爭端，應採積極的態度，一方面援助中國抵抗侵略，他方面應即對日實施經濟制裁，加速日本財政的崩潰，以挫侵略國家之兇焰。

在現實主義風行全球的今日，姑舍理論而談實際，國聯對於日本的侵略暴行，亦應即實施經濟制裁。理由有四：當義阿戰爭時，英義在地中海上的衝突已臻於白熱化，墨索里尼還口口聲聲說，「制裁即戰爭，」但國聯對義國的侵略暴行仍實行經濟制裁。其結果並未引起戰爭。何況日本國力有限，決不敢因國聯實施經濟制裁而向世界挑戰，此其一。國聯對義實施經濟制裁，所以未能收效，其原因在阿國國力的脆弱，未能長期抗戰；但是中國決非阿國可比，中國不但要抗戰到底，已作長期抗戰的準備，而且在現階段的中日戰爭，中國已處於優勢了。魯南大勝，就是一個明證。此其二。日本的財政本極困難，自武力侵略中國以來，軍費支出浩大，已呈崩潰之象，如國聯對日施行經濟制裁，事半功倍，自能制日本的死命。此其三。世界各國同情於中國抗戰的人士，早已發動抵制日貨運動，國聯如能出來倡議，如風虎雲龍，更能遍及全球，自不難收效。此其四。

中國這次發動全面抗戰，在爭取民族的自由生存，願以自己的血肉築成保衛中華民族的長城。在抗戰的過程中，固然期望國際的援助，但決不存許多幻想。對於國聯，也抱着同樣的態度，固然熱望國聯，一則予中國以物質上的援助，抵抗日本的侵略；另則對日施行經濟制裁，促成日本財政的崩潰，而使中國獲取最後勝利更有把握。但決不一味依賴國聯。中國民衆早已有新的認識，唯有自力抗戰，才能走上勝利的坦途。（文匯報民國二十七年五月十三日）

又作者為上海中美日報寫一社論，盼英積極與美合作，亦抄錄如下：

美國自十九世紀末葉提出「門戶開放」的原則以來，一直以此為其遠東政策的基調，從未有所變更。就是「九一八」事變後，日本積極執行其所謂「東亞門羅主義」，企圖關閉遠東的門戶；美國也未嘗有放棄遠東權益的意向，始終向日表示不承認武力所造成的任何局勢，要求日本尊重列強在遠東的權益，以維護「門戶開放」的原則，而且美國的態度自去歲下半季以來，日趨強硬，在泛美會議中，固已露骨表示出反侵略反法西斯的嚴正立場，這種偉大的姿態實足使侵略國家膽寒；而對於日本的歧視列強在遠東的權益，曾先後兩次向日提出嚴重抗議，要求日本切實維護門戶開放的原則；同時又以巨款貸與中國，履行其在經濟上援助中國抗戰的神聖義務。今年一月美國國會復從長討論國防與外交政策，其中有關於遠東的問題有三：（一）對日實施經濟報復，以迫令日本尊重列強在遠東的權益，而維持「門戶開放」的原則；（二）徹底修改徒然有利於侵略國的中立法，俾得一面禁止軍火運日，而一面又可援助中國；（三）海軍部建議在太平洋中部增闢海空軍根據地三十多處，並在關島重行設防，建築成不可攻克的海軍根據地，可以表示美國維護遠東權益的決心，所以美國近十年來的遠東政策是始終一貫的，而最近所表示的態度之明朗，卻為美國外交史上所僅見。

美國對遠東態度的積極，雖已改變了英國的對日態度，例如美國以巨款貸與中國，英國也對華信用放款美國向日嚴重抗議，英國也追隨美國之後，會同法國致牒日本。現時美國國會正在考慮如何對日實施經濟報復，英國內閣對此問題也在商議之中。但是英國有氣無力的追隨於美國之後，而不能與美國在遠東問題上更明顯更切實的合作，我們仍認為是不夠的。

第一日本企圖獨霸遠東的野心，昭然若揭，且已成為日本唯一的國策。英美如欲維護其遠東權益，唯有靠這兩大民主國的切實合作，以粉碎日本侵略的迷夢。原來自華府會議以來的遠東均勢，一直是依賴英美的合力維持的，至「九一八」始爲日本侵略的魔掌所打破；後因英美的步調異趨，更增强了日本侵略的氣燄，以致造成今日不可收拾的局面、所以今後欲重造遠東的均勢仍非依靠英美的合作不可。

第二、英國自九一八以來，就願意與英國合作，以戢止日本的侵略暴行；可是在英國方面，先爲外相西門所貽誤，對日態度模稜兩可，未能與美國合作，在遠東採取積極的行動。及至中國全面抗戰爆發後，英國一則以歐洲擾攘不留，再則爲張伯倫的現實主義所誤，放棄了反侵略的立場，又未能與美國通力合作。到了現在，英國雖已開始覺悟，向反侵略的方面轉變，但仍未有具體的表現，我們不能不引爲遺憾。英國須知與日妥協，決不足以維護其遠東利益；而且美國的態度日趨强硬，已到了快要行動的前夜，英國如不與美國採取同一的步驟，又將如何維繫英帝國的威望於不墜呢？

第三、英美的合作，不但是遠東的安定勢力，而且也是世界唯一的安定勢力。在羅斯福總統致國會的咨文中，已坦白的表示，美國願意與各民主國家通力合作，以戢止侵略暴行、這句話顯然是有意對英國發表的。英國對此，切勿錯過機會。如能即起與美合作，不但遠東利益可望維持，而且有助於英首相張伯倫往訪羅馬之行，足以加重其對義發言的威力、

總之，我們希望英國不僅僅是消極的追隨於美國之後，而且還要積極的與美通力合作，以重造遠東的均勢。（中美日報民國二十八年一月十一日）

（四）其他雜體——例如代表報館所發表的告讀者書，發刊詞，都是屬於這一類的體裁。例如報紙的創刊詞，作者曾爲文匯報撰述爲本報創刊告讀者：

蓋中華民族不僅有悠久之歷史，爲東亞文化之策源地；而且地大物博，蘊藏無限之寶藏，其前途之遠大，更非他國所能幾及。英國乃一民主國家，對於他國均抱善意合作扶助其成長的態度。英國人民對於中國尤有好感，不但愛好其文化抑且深

付中國的復興民族建立新國家，必有待與英國的合作。所以本報刊行的宗旨首在鼓吹中英合作，此其一。

中國未來的政治必漸趨於民主化的一途，惟民主國家的培養與形成必待報紙以啓迪民智，養成民主政治的氛圍；而報紙如何始能完成其任務，必賴言論的自由。英國之所以成爲民主國家者，皆由其國內言論自由，不受絲毫的統制。是以本報本着言論自由的最高原則，絕不受任何方面有形與無形的控制，如不幸遭受外界的阻力，必設法消除之。此其二。

報紙是人民的精神食糧，其所負的使命，一則爲灌輸現代知識，另則爲報道消息，是以報紙的生命在其獨立的報格，不偏不倚，消息力求其正確翔實，言論更須求其大公無私，揭穿黑幕，消除謠言，打破有聞必錄之傳統觀念。所以本報同人必遵行此記者紀律，始終不渝，以建樹本報高尚之報格。此其三。

、最後，有不得不鄭重聲明者，即本報刊行，決非爲投機取利，而實爲應環境需要而產生，故必竭本報同人之力，爲社會服務，凡若有利於社會公衆之事業，無不欲先後興辦，以謀大衆之幸福，而副讀者之期望也！（文匯報創刊號廿七年一月廿五日）

文匯報創刊未久，即遭日方的嫉視，乃發生暴徒投彈襲擊報館的不幸事件，復爲該報撰一寫在本報遭暴徒襲擊之後：

「本報刊行的宗旨及信條，既已於創刊號『爲本報創刊告讀者』一文中闡明；簡言之即（一）鼓吹中英合作；（二）本着言論自由的最高原則，絕不受任何方面有形無形的控制；（三）建樹高尚報格，消息力求其正確翔實，言論更須求其大公無私；（四）爲社會服務，以謀大衆之幸福。本報同人循此方針努力邁進，以刊行迄今未及一月，即備蒙社會人士的嘉許稱道，不特銷路日廣，予吾人以物質上的援助；而且由讀者來函鼓勵，亦日必數十起，對本報表示無限同情。由此可知，言論公正主持正義的報紙，終能獲得讀者大衆的愛戴與擁護；消息翔實正確的報紙，亦終會得到社會人士的廣大歡迎。詎料竟因此引起奸人的嫉妒，以致發生前日的不幸事件；惟吾人素知，處於今日的世界，公理必須與強權鬭爭，光明必須與黑暗鬭爭；並深悉凡百事業，必須經過絕大艱苦奮鬬的階段，始能獲得最後的成功。前日暴徒向本報投一巨彈，就是黑暗勢力向吾人進攻的第一聲；吾人對此，不獨不稍存氣餒之心，反而勇氣百倍，加緊努力，以與黑暗勢力相週旋。所以吾人對於前日本報職員的流血，不但不視爲不幸，反而覺得榮幸萬分，炸彈的光顧，黑暗勢力的向我們進攻，正足以證明我們的苦鬬，已獲得相當的代價，我們願爲正義而流血，並願爲維護言論自由而奮鬬到底。

此外尚有爲讀者諸君告者，即本報純爲英商報紙，除鼓吹中英合作，報道正確消息，主持公正言論，爲社會服務而外，別無其他作用存於其間；而今竟惹起奸人的嫉妒，突以暴力相加，其動機何在，固尚待查究，然其存心摧殘英人在華所創設的輿論機關，希望經此一擊，吾人或即從此偃旗息鼓，遂其詭謀，固已不言可喻；惟其手段之毒辣而幼稚，誠令人可恨亦復可笑。

總之：炸彈，流血，撼不動我們的信念，恐怖，威脅，不足以使我們氣餒；今後的本報，不但仍要本着我們的宗旨及信條，繼續奮鬬下去；而且還要加倍努力以副愛護本報讀者的期望。」（文匯報民國二十七年二月十二日）

此外還有一種出版特刊的前言。文匯報出版「五四特刊」，作者撰前言一文，亦抄錄如下，以供參考：

「五四運動在中國歷史上，是靑年學生以鮮血寫成的最光榮燦爛的一頁。從那天起，中國民衆才從迷夢中覺醒轉來；從那天起，中國文化才走入新的方向；從那天起，中國政治才駛入光明的坦途，這是劃時代的大事，爲每一個中國人所不能忘懷的，還是中國新時代的開始；中國民族復興史的第一頁。

民族意識的高漲，泛濫了全中國，這是五四運動唯一的原動力。它喚醒了中國的大衆，而由愛國的熱血青年首開其端。惕於當前的危機，在內亂外患的夾攻中，乃以一鳴驚人的姿態，出來領導民衆，揭開中國人民要求參政的運動，而開國民外交的先聲。所以五四運動不僅是中國的新文化運動，而且是中國政治鬥爭運動的先驅。

雖也不能否認五四運動是中國新思潮的前浪，當時的思想界不免龐雜，把歐美的學術思想，一齊生吞活剝地介紹到中國來。思想界的龐雜，反映到政治上去，形成了國內的混戰不已。可是經過了這幾年的艱難磨煉，中國在混戰中成長起來了，在敵人的壓迫下，全國統一的新局面完成了。到了今日，凡是中國人，還有誰不信『抗戰第一』的最高原則。

中國在困苦中自力抗戰，雖遭到慘重的磨折，但已走到了半路，回想過去的艱辛，瞻望前途的光明，其餘的半路，自然比較輕便，今日只待中國努力邁進了。

本報基於上述的信念，對於中國這次抗戰的前途，素抱樂觀主義，最後勝利必屬於中國。今日欣逢中國歷史上最偉大的紀念日，出版特刊，以慶祝中國前途光明。

最後，本刊執筆者，皆係國內著名的作家教授，尚希讀者注意。」（民國二十七年五月四日文匯報）

第五章 編輯

第一節 編輯的職務

歐美規模較大的報館，因為資力才力的充足，各部門的分工，都非常精細，延請各種專家，分任各種不同的工作；但是在報業尚未十分發達的中國，因為規模較小，分工不細，尤其是編輯部，幾乎做一個編輯，要做各種的事情。從任何事業發展的過程看來，這也是必經的過程。茲將中國今日報館編輯的職務，一一分述如下：

一、原稿的整理——原稿的來源，有本報特派記者的電報和通訊；有中央通訊社的電訊；有外國通訊社如路透社、哈瓦斯社、塔斯社、海通社、美聯社、快訊社供給的海內外電報；有本報外勤記者及訪員所撰述的稿子；本埠更有本埠新聞通訊社如滬光社、滬聲社、新聲社等送來的新聞，此外還有讀者自由投來的稿子。所以當一個編輯踏進報館開始工作的時候，就發現自己的寫字檯上，堆滿了許多稿子；所以第一步工作，就是翻閱各稿，依其性質，分配給各版編輯。論理分發稿子是總編輯的職務，但有時往往由編輯自己去做。分發稿子要注意的地方，就是要精細，迅速，不能分錯，同時更不能把新聞混了；明天報上看不見的新聞，就要分稿的編輯負責。

稿子分發後，把自己所編一版的稿子，匆匆看過一遍，在腦海中留一籠統的概念，就是知道明日的新聞，有幾件大事；並決定各稿件的新聞價值，再看明天的新聞地位，而定各稿件應發排的欄數。至於稿件內容的整理，應注意下列諸事：

（1）完全刪除——遇到新聞的內容，有如下列各項情形的，編輯要有判斷力，毅然完全刪除，隻字不發：（A）爲出版法所規定不准登載的新聞。「（1）意圖破壞中國國民黨或違反三民主義者；（2）意圖顛覆國民政府或損害中華民國利益者；（3）意圖破壞公共秩序者；（4）有妨害善良風俗者；（5）禁止公開訴訟事件的辯論。」（B）完全不確實的新聞；（C）發新聞者有特別作用，而對於國家社會不利的新聞。

關於這一層，當爲編輯所應特別注意，尤其在戰時，敵人利用種種方法，製造各種消息，以動搖國人抗戰的信念。做編輯的，在這種時間，更加要留心，稍一輕率，就給敵人利用了，給敵人做了義務宣傳。例如大上海淪陷後的孤島新聞界，一方面中國政府統制新聞的檢查機關既已不復存在；同時各報都掛起洋商的招牌，似可不再受中國出版法的拘束，要刊登什麼新聞，就可以刊登；而在堅苦抗戰的最後關頭，關於和平的傳說，不一而足，有的是敵人放的烟幕，毒計，陰謀；有的是無聊政客、動搖份子、妥協份子發的謠言；論理這些使聞，都不應刊登的，以免擾亂社會的人心，但是報紙間的競爭劇烈，有許多報爲了迎合一般的『和平』心理，仍不顧抗戰的前途，一字不改的刊載；使有頭腦有眼光的編輯，遇到這種新聞發生困難，明知道這種新聞發表了，對於中國抗戰是不利的，但又恐怕別報刊載，經理部要說脫漏消息，似乎又不可不登。作者本人在孤島上編稿，不知遇到多少次麻煩。結果當然不發；有時發了，同時寫了一個短評，告訴讀者，這是含有毒素的新聞。

（2）局部修改——（A）遇有誹謗性質的文字，或帶有宣傳色彩的文字，一律刪去；（B）訂正事實上的錯誤，如人名地點時間等；（C）修改文字使其流暢生動，並合新聞的體裁；（D）譯名的統一。（E）刪去一切濫調浮詞，使新聞的內容格外精采，以免浪費有限的新聞地位。

二、標題的寫作——標題是新聞的外貌，報紙的優劣與編輯能力的大小，從新聞標題上就可以看得出的。編輯主要的工作也以寫作標題為主體。在報業尚未發達的時候標題是沒有的，祇加以分門別類而已，翻閱我國的舊報紙就可瞭然的。標題的作用，在便利讀者，如果事情太忙，看了標題也就可以知道新聞內容的大概，詳細的記載可留到工作完畢後再看；此外還有一個作用，就是用標題來引讀者注意，以增加報紙的銷路。關於如何寫標題應注意的事項很簡單的寫在下面，至於用字的方面及如何變化，留在下一節說明。

（1）標題有主題與副題之分，所用的語句，最好能不重複，甚至用字在可能範圍內，也須避免重複；至於分標題（Sub-head）更不可有重複之處了。

（2）標題的方式和方法，應該多變化，切不可呆板，使整個的版面缺少藝術的成分。而要各種花樣，分配均勻。

（3）標題應與新聞的內容相符合，最好能從新聞的全文中，摘其最精采的語句做標題。

（4）標題的辭句要簡明切實，一則不含糊其詞，另則也不誇大其詞。同時標題力求活潑動人，不用陳腐的濫套，也不用不肯定的語句。

(5)在標題中不可帶有主觀的批評的口氣，因新聞純依客觀的編輯有何意見或批評，不應在標題中表示，而應撰成短評在言論版內發表。

三、拼版（Make up）——在美國的大報，拼版是由一個拼版編輯（Make up Editor）負責的，但在中國各報並沒有這樣的編輯，因此各版編輯，對於自己所主編的一版，不得不親自到排字房（Composition Room）去指導排字工人拼版。不過拼版的工作，並不十分困難，尤其是拼自己所編的一版，一則在編輯上可以避免去拼版的困難，同時工人明白你拼版的方法之後，便不要親自上排字房，祇要劃一個樣子給他看看就行了。至於拼版的方法，中英文不同，似乎不能把英美的方法用到華文報紙的拼版上，不過原則上是相同。作者認為拼版應注意下列各項的事情：

(1)重要新聞要分配平均，要使報紙打開來一看就覺得很調和。普通是這樣的，頭條是四欄新聞，在一版內不能再有一四欄新聞，祇能一個或兩個三欄新聞。而且位置也有一定。例如下面的樣子：

英法認西戰即可結束

將與叛軍進行談判

(2)分標題要接着所屬的大標題，不要加鉛線；如果分標題多，把重要的分標題列在前面。

(3)注意拼版的困難，要多發些短文的新聞，及可做伸縮的『簡報』(Brief News) 一欄新聞也要有幾個，以增加版面的美觀。

(4)刊登專文應用截角的辦法，表示與新聞不同，俗語常說拼『特別欄』一則增加版面的美觀，另則也可以做伸縮。

(5)要求版面的美觀，當要多用各式的鉛條花線，及各樣活字。

四、看大樣 (Final Proof) ——看大樣，照理是總編輯的工作，有的報館專任一看大樣的編輯；但普通報館為減少錯誤與少用人員，看大樣都是由各版編輯自己去看；或者由各版編輯間輪流看大樣。所以看大樣也就成了編輯職務之一了。

看大樣的工作，嚴格地說來，也是一件極重要的工作；因為這是報紙最後一次的修正；有了錯誤，到了看大樣時還不能修改，則明天報上一定要鬧笑話。固然報紙是在各部人員促匆間製成，難免有錯誤，如是留心看報的讀者，無論那一天，都可以發現報紙的錯誤。但是在報館當局，終應竭力設法使錯誤減少；減少錯誤的辦法，當要靠各部人員的細心謹慎，不過看大樣的編輯，如果能夠盡了看大樣的職責，那末報上的錯誤一定可以減少，即使有錯誤，也是無足輕重的，決不會鬧成笑話。不過看大樣的時間，大概終在早晨的三四點鐘，工作到那個時間，早已感到身心疲倦，體力差一點的，已不能再支持；如何還能聚精會神細看大樣呢？而且看大樣的時間又非常匆促，排字房機器間的工友，都在等你看了大樣動手工作。所以在短短的幾分鐘之間，又如何能完全顧到看大樣的目的呢？因此種種，看大樣實在是一件困難艱苦的工作，要求工作有效率，祗有在看大樣的技巧上用工夫了。

看大樣應注意之點，我姑且寫幾項，以供初學的人參攷：

(1)標題有無錯字？看大樣祗注意大的地方，標題有無錯字，是看大樣的責任，新聞的內容則由校對去看。所以明天報上標題中發現了錯字，就得要看大樣的編輯去負責。

(2)標題與新聞是否相符？排一件新聞稿子，並不是由一個工友去排的，而且還要經過校對，有時編者還要改標題，因此常常發生張冠李戴的笑話。要避免這種錯誤，祗有教看大樣的編輯去改正了。

(3)新聞有無重複？因爲分稿的不謹慎，同一性質的新聞，分發了兩版，而各該版的編輯在發稿時並不曉得，無法可以改正。祗好留在看大樣時改正。能發現出各版新聞有無重複之處，完全要看編輯的記憶力及印像的深刻。

(4)銜接處有無錯誤？當一新聞由一欄轉入另一欄時，很容易發生文字不銜接的錯誤，所以看大樣的編輯要注意銜接處有無錯誤。

(5)其他有無錯誤？最不留心的地方，也就是最易發生錯誤的地方。例如報頭下面所刊的期數日期，因爲工友的忘了改排，和看大樣的編輯沒有注意，往往因此發生錯誤。

關於改錯常用的幾種符號，也有在此附帶一述的必要；例如，ꝺꝺꝺ表示刪去，くく表示排疎；—↓表示向下移，↑—表示向上移動，∽即上下兩字對調。

大樣看完之後要簽字表示負責任，並須寫時間，以便計算出報時間，而促機器間的趕快印報。總之看大樣貴迅速、謹愼，切忌忽略、粗心。

第二節　標題的作法

寫作標題，要求完善實在是一件難事。英美大報館中，有特請的標題編輯，他對於寫作標題有特殊的才幹，或者感不到困難。但在中國各大報，任何編輯都要寫作標題的。

寫作標題的時候，一則要估計新聞價值，決定標題的欄數，及所用字的大小，他則又要顧慮用字的限制，有時遇到困難，頗有塡寫八股的痛苦。茲將寫作的技術問題，分別寫在下面。

標題用字表

字樣	一欄	二欄	三欄	四欄	六欄	備註
超號字（七行字） 南			五字	六字	八字	三欄常不用超字

大號字	中號	頭號字	二號字	三號字	四號字（初三號）
南	南	命	東南短	大述	要泰
		三字	四字	六字	七字
	五字	六字	八字	十字	十二字
六字	七字	九字	十二字		
八字	九字	十二字			
十二字					
		一欄常不用頭號字		一欄加框用五字	一欄加框少用一字

（一）一欄新聞的編法

一欄新聞的決定，有好幾個因素：（一）編輯者主觀的見解，認此新聞不甚重要，發一欄即可；（二）新聞雖極重要，但其他的新聞比它更爲重要；（三）爲求版面的美觀，不能不有一兩條一欄的新聞；（三）便於拼版起見，也應有一欄新聞。編輯決定此新聞編成一欄後，便開始動筆做標題，最普通的形式，是三行；第一行六個字或七個字，用新三號字；第二行四個字，用二號字，用楷體二號字或黑體二號字，當可隨編者的意，不過黑體字和楷體字用得要平均些，有楷體字和黑體字，版面自然好看。第三行八個字，用新五號字，字旁加以小黑點，易使讀者注意。茲作一式樣如下：

> 南國外長談話
>
> **德南關係**
>
> 力言促進兩國邦交

如遇重要新聞，或富於興味，要使讀者特別注意，則用加框（Boxed）的方法；但須注意的，就是加框後，一欄高的地位縮低，用字宜減少，否則排不進去，把稿子發到排字房去之後，有被退回來的可能。當送稿子的工人回來答編輯說：『先生，字太多了，排不下去。』編輯聽了，一定怕難爲情的，旁人聽了，一定猜這位編輯先生，經驗還不十分充足。現作一例如下：

羅斯福總統
略患感冒
度稍高未能起床
【路透社華盛頓十日電】羅斯福總統略患流行性感冒、熱度稍高、故臥床未起、週杪可望康復、

還有一種使版面美觀的辦法，就是變化多格式；千篇一律，當不免失之呆板。因此乃有標題橫排的格式。不可多發，有一二則即可。其式樣如下：

英蘇談話
西茲謁加里甯
【哈瓦斯社莫斯科二十日電】英國新任大使西茲爵士、頃于本日向蘇聯政府中央執行委員會主席加里甯呈遞國書、相與進行談話一小時、據此間英國人士宣佈、經過情形極爲融洽、西茲爵士曾聲明英國政府願就現行各項國際問題、與蘇聯政府交換意見云、按西茲乃英國外交界俄文專家、本日進行談話時操俄語甚流利云、

（11）兩欄新聞的編法

拿到一個新聞決定發兩欄的時候，可採取的格式有下列各種：

一（1）題文均兩欄——最普通的式樣是第一行標題七個字或八個字，用二號字老宋或黑體或楷體，可由編者自由決定；不過不要忘了專門用一種會使版面太呆板；第二行是主題，通常是六個字用頭號字；第三行則十個字，用三號字。有如下面的例。

國際關係週刊撰論
重申義國要求
法如不讓步卽不免一戰

【哈瓦斯社維馬十一月電】半官機關「國際關係週刊」頃于本日發表一文、重申各項領土要求、略謂、法國務當以都尼西亞、蘇彝士運河、直布底港、科西嘉島、尼斯港割讓義國、非然者、義國卽準備出以一戰、並爲注視法國之政策起見、西班牙國境內義國志願兵、當不令撤退、其全文有云、義德兩國各項要求、乃以國際正義爲依據、故不問各民治國作何威脅、均難遏制此項要求、「義國在西班牙國方面之作爲、曾使歐洲大局得以保全、非俟西國國民軍獲有穩固的全勝、義國志願兵決不予以撤退、質言之、義國志願兵須俟法國所推行之政策、爲吾人切實明悉之後、始撤志願兵、要之義國各項天然的願望、法國若果執意加以拒絕、則其結果、不惟法國無益、卽歐洲大局亦必蒙

（2）題兩欄文一欄——遇到新聞的內容太長，題文均兩欄，勢必太闊而不美觀；因此文改為一欄，既好看，又便於拼版。例如下面的樣子。

德國各界咸注意
要求舊殖民地
公然承認與義互相關聯

【哈瓦斯社柏林一日電】希特勒元首演說發表之後德國恢復舊有殖民地一項要求、已居于首要地位、而與「義國所具天然的願望」、互相關聯、此在負責人士並不以爲諱言其對于殖民地要求、應在歐洲問題總解決方案範圍之內求之一層、則拒不加以接受、咸謂德國恢復舊有各殖民地之事、未便附以交換條件、此外、各觀察家並宣稱、元首演詞有曰、「余信持久的和平能以奠定」、

、此外、元首自承德國已在經濟上遭遇困難、實乃極有意義之事、緣在往日政府當局對于國家經濟困難情形均諱莫如深、惟恐引起民間不安、今茲元首既能坦白自承、此殆德國在內政外交上改變政策之徵兆、就對外言之德國當局乃欲以經濟困難爲論據、從而證明殖民地要求、暨鼓勵出口政策內具有充分理由、就對內言之、德國當局乃欲利用此項論據、要求人民賡續有所犧牲、並以

（3）主題用中號字——如果新聞的內容非常重要，發兩欄不足以表示出它的重要性；而發排三欄稿

又沒有地位、因此祇好把主題改為中號字，容易引起讀者的注意。

阿剌伯向大會要求

廢止代管制

使巴力斯坦為阿剌伯人國

【路透社倫敦十日電】巴力斯坦會議之英猶雙方代表今日集議時、英殖民大臣麥唐納說明其對於猶太行政會所述各種案情之意見、猶代表團允就今日所言各點加以熟慮、而於星期一日提出答案、阿剌伯人以已發表當日會議時之討論、謂其要求所根據者、為一種人民安居其國內之天然權利、及保障其國家存在、而以不背其習慣與思想的和諧與自由、奠定並發展其國家存在之天然願望、既非反猶可比、亦與仇視英人或其他人民無關、一九一五年十月、英政府曾作允許阿剌伯人獨立之誓言、嗣後又屢次重申同樣信諾、藉以報償阿剌伯人在協約國勝利中之協助、乃徒有諾言、而無實惠、阿剌伯人迄未獲獨立、至於貝爾福宣言、或英國代管權、則阿剌伯人從未承認之、並決不欲承認之、為流離失所的猶太人覓一居處之問題、乃與整個文明世界有關之事、但其解決方法必不可在巴力斯坦求之、今阿剌伯人所要求者、為(一)完全獨立(二)廢止在巴力斯坦設立猶太國之企圖、(三)廢止代管制、而代以使巴力斯坦為一阿剌伯主權國之條約(四)立即停止猶太人之入境、與猶太人之

（4）加框——遇到重要而富於興味的新聞，最好能發排兩欄加框的新聞。其標題尤貴活潑刺激。例如：

故都時代壯劇

新艷秋「刺繆」

壯志未酬終以身殉

【路透社北平二十日電】據可恃華人消息、女伶新艷秋女士、數星期前在吉祥戲院圖刺繆斌未果、而關徵林（譯音）則當場殞命、未幾新艷秋即遭日憲兵逮捕、頃已庾死獄中、

（5）標題橫排——一欄新聞的標題橫排，其目的也和一欄新聞標題橫排相同，一言以蔽之，在求版面的美觀及惹人注目而已。

【路透社好萊塢七日電】名影星卓別林素主攝製無聲影片、今將於其新片「獨裁者」中為開口之主角矣、據卓氏稱、劇情與對白已完成、三月十五日可開拍、希望於初秋可準備放映、卓氏復稱、劇情當然與獨裁者有關、但其初旨、乃在逗人發笑、目下之政局、乃異常適合於喜劇之題材、凡擁有過度之尊嚴與權力者、最後輒為他人嘻笑之目標、按該片為卓氏首次表演有聲影片、將飾二個角色、一為獨裁者、一為集中營內之囚犯、其容貌酷似獨裁者、

初秋可放映

「獨裁者」

卓氏兼飾二角

極盡諷刺能事

（三） 三欄新聞的編法

三欄新聞的重要性僅次於頭條新聞。不過每一版新聞中祇能有一兩個使全版的新聞得到平均的發展，在報面美觀的條件上，是非常必要的。至於編法方式很多，普通第一行與第二行均視為主題，各用七個中號字，或各用六個大號字；第三行第四行則視為副題，各用十二個二號字。因此編輯可以隨意變化，可以不拘泥一定的形式。有時可用第一行七個中號字，第二行六個大號字，第三行十二個楷體二號字。現在做幾個樣子給讀者參攷和練習；

（A）

美國海軍大演習
羅總統前往觀操

【哈瓦斯社華盛頓十四日電】美國太平洋大西洋兩艦隊、正在加勒比安海海面、舉行演習、頃由白宮宣布、謂羅斯福總統、定於本月十六日、乘專車離此、赴弗洛利達州凱章斯德港、改乘巡洋艦「好斯敦」號、前往參觀、隨行者有醫官及祕書各一人、計程當於半閱月後返京、

【路透社華盛頓十四日電】美國昨晚開始空前之大規模演習、參加之軍艦飛機與潛艇、日前均首途各赴指定各站、需時一週、始能到達、演習範圍之大、於此可見一斑、羅斯福總統定二月十八日在弗洛里達州之開恩斯地方登巡洋艦賀斯登號早出發、海上模擬戰、大約在美總統未到時不致開始、關於演習事概守祕密、新聞記者概行拒絕、所參加會操之將士總數不下六萬人、

湯麥斯向參院提出新中立法
主張授權總統制裁侵略國家

【哈瓦斯社華盛頓十三日電】參議院陸軍委員會委員、即民主黨參議員湯麥斯、頃向參議院提出新中立法案、主張授權總統與國會、對于任何國凡違反美國所已簽字之國際條約、而攻擊他國者、得制裁其為侵略國、同時并以軍火接濟被侵略國、此案又主張擴大總統對於軍火交易所享有之統制權、

（3）

達拉第抵科西嘉
宣示愛護之意
義相仍欲慫恿英相出任調停
英相訪義招待程序業已規定

【哈瓦斯社科西嘉亞茄西沃港二日電】內閣總理兼國防總長達拉第、已於本日午前到達此間、甲級巡洋艦「蘇弗倫」號、自清晨起即已駛入本港、其時並有水上飛機一隊隨護而行、甲級巡洋艦「哥爾倍」號與「福煦」號、即達拉第總理所乘之巡洋艦、暨乙級巡洋艦三艘、驅逐艦三艘、隨即駛入港內、至是海軍部長剛乘基、乃偕同前閣員庇特利與朗德體（均係科西嘉島人）暨本島所選出之參衆兩院議員、自「蘇弗倫」號登岸後、本港居民亦即向之歡迎、達拉第總理旋于午前八時、自「福煦」號乘坐小艇、在禮砲聲中登岸、當即率同陸軍參謀長喬治將軍、海軍參謀長達爾朗中將、空軍參謀長維勒曼將軍、在歐戰陣亡官兵紀念碑前、獻致花圈、並於檢閱陸軍部隊之後、前往省長公署、至是省參議會議長羅嘉賽拉乃致歡迎詞云、科西嘉島矢忠不貳、達拉第總理嗣乃前往市政廳、出席招待會、並發表演說、其結論有云、「法國不必以侵略爲事、亦不威脅任何國家、祇須保有充分的力量、且已保有充分的力量、于此已足、此誠諸君所可深信不疑、亦卽余所欲爲諸君告者、一俟海軍艦隊環繞科西嘉島之後、余願島上每一牧人漁夫、均有安全之感、此項艦隊、實卽法國力量與其愛護科西嘉島情緒所由表現」、

（C）

人民信任現政府
法總罷工失敗

達拉第發表廣播獎勉國人
謂人民深明自由之不可犯

政府地位將益見強固

【哈瓦斯社巴黎三十日電】全國同盟罷工失敗之後、政府人士大多認爲此乃一大勝利、內閣在國內與國會所處地位、因此業已大見強固、【路透社巴黎一日電】法總理達拉第昨夜發廣播演詞通告全國稱、總罷工之完全失敗、已表示國人對於政府之信任、國家重要事業、皆照常進行、而社會秩序亦未受嚴重之騷亂、自渠星期晚發言後、函電紛來數以千計、與渠同之、即知國民之信任政府、渠謂國家權威必須尊重、今權威果已爲國人所尊重矣、渠信任工人、今工人已響應其籲訴矣、法國人

（D）

英對承認弗朗哥政府
仍未有所決定
法內閣會議亦未有最後決議

【路透社倫敦十五日電】今晨舉行內閣會議、考慮西班牙最近之發展、此間政界咸覺非至西班牙局勢續見澄清後、弗朗哥政府之承認問題、決不致有何宣布、法內閣昨日考慮承認問題、但除決定論令駐布爾哥斯之法國非正式代表參議員貝拉爾仍回

（四） 四欄新聞的編法

除了國內電訊而外其他各版的頭條新聞，大半都排四欄高所以四欄新聞的編制，在編輯者是很重要的，因爲在那一條新聞裏，就可以獻出編輯的真本領在無數的新聞原稿中那一條最爲重要應發爲四欄題的頭條，本來就是一件難事要看編輯的眼光認識和判斷力開門見山估計新聞價值（News value）的輕重就可以看出編輯的學識與經驗。我們認爲估計新聞價值不致失當，是要具有兩個條件：（一）對於這個問題有深切的認識，懂得它對於國家社會的影響巨大；（二）有豐富的經驗才不致犯錯誤平時各報的頭條，都是同一的新聞，這是由於「英雄所見皆同」的緣故。

至於做標題的字數，第一行與第二行，均視為主題，各用八個大號字，第三行及第四行，視為副題，用十二個頭號字。例如：

赫爾呼籲各國合作
共同抵抗外來侵略
警告各國美決繼續擴充軍備
為西半球防禦外來武力侵略

【路透社祕京十一日電】汎美大會、昨在此開會時、美國務卿赫爾發表長篇演詞、內稱美國準備致力於美利堅半球之防衛、以禦外來侵略、苟武裝挑釁之可能性長此存在、則美國將維持充分防衛性之海陸空軍備、近年世界若干處之武力、已對於吾人與他人擬以造成吾人國際生活的社會結構之原有基本原則加以挑釁、不信其有效、以我人類現所遇者又為自由或奴隸秩序或紊亂進步或退化文明或野蠻之選擇、非此即彼必居其一、此種情形現已具有形式不獨在世界中此種強橫武力具體化的國家之毗連區域見之、且亦威脅世界各處、吾人固無一不切盼與世界各國共同生活於和平中、然美洲諸國不許任何強國、或任何強國集團的武力、侵入西半球之決心、斷不可在何處稍有可疑之影、就美國而言、苟武裝挑釁之可能性一日存在、則美國一日不稍變其堅毅之防衛、此為無人稍可置疑者云、赫爾並及各國間貿易關係自由化之必要、謂採用以物易物之原始形式、決不能振興貿易、如國際貿易為此自殺的方法所毀、則各國決不能繁榮如果地位太大，新聞的性質又極重要，可以在新聞內把重要的語句用新三號字排。

西國人民戰志堅強
政府決計抗戰到底
任命米亞加爲海陸空總司令
關於議和謠言現已一掃而空

【路透社馬德里十一月電】此間官場歡迎共和國政府之遷回、西總理奈格林刻在伐倫西亞、財政內務及交通各部長、大約明日可抵該處、目下馬德里居民生活頗爲安定、對於負有保衛馬德里全權之政府軍司令米亞加將軍、均表信任、

【路透社馬德里十日電】西班牙總理奈格林、頃已宣布以馬德里爲西班牙共和政府所在地、共和政府總理奈格林、與外長伐育、相繼行抵西班牙中部、故馬德里人民現正磨勵、以待繼續抗戰、關於戰事將否進行之疑念、現已掃清、米亞加將軍之被任海陸空軍總司令、可視爲政府決計抗戰之確證、國民戰志、並未稍衰、各報皆謂政府力量尙厚、並勉勵軍民作最大努力、

遇到特別重要的問題，當以用超號字為最佳。字數以六個字爲限，最好能用警句，以惹人注目。

蘇匈斷絕邦交

李維諾夫已通知匈關閉使館
理由爲匈被迫加入反共公約
已降爲羅馬柏林軸心之附庸

【塔斯社莫斯科二日電】據塔斯社得到消息、李維諾夫本日通知匈牙利駐莫斯科公使亞爾諾第、稱蘇聯政府業已決定將駐匈京布達佩斯之公使館封閉、並期望匈牙利亦將駐莫斯科公使館封閉、還有其他式樣，如遇做標題困難，可以用一橫行標題，不過要注意的地方，就是用了橫標題後，第三行第四行的用字數要酌量減少。

赫爾發表重要言論

增強美國防衛武力 爲政府之神聖責任

對國外所享權益決加保護 世界局勢緊張前途堪憂慮

【路透社華盛頓十二日電】美國務卿赫爾、昨晚向全世界發表廣播演講、謂在目下世界局勢之下、維持充分之防衛武力、實爲任何名實相符的政府之神聖責任、現有一種新的鉅大戰爭之魔鬼、在世界作祟、故和戰問題、已成緊張及個人之事件、吾人以國家之立場、相信國際間之意見、無有不能以和平方法解決者、惟吾人更知有時或因環境之關係、本願保守和平之國家、或被他國之行動阻撓云、

英相答覆議員問話
宣佈現行外交政策
不取銷前發宣言並擴充空軍

【路透社倫敦一日電】首相張伯倫昨在下院宣稱、政府之政策、爲毫不取銷前發之任何宣言、而建設適合大不列顛之保護航路之安全、英國領土之鞏固的空軍、政府且擬履行英國之國際責任、並於戰時協力保衞其協約國之土地、政府對正計劃軍備之限制、以協發爲其初步、而逐漸達於廢棄地步、政府深信所取增强皇家空軍之步驟、殊有助於達此目的、議員有詢以包爾渥所稱政府擬與明顯距離內任何國告成天空均等之言、是否仍有效力者、首相答稱、渠已宣布政府毫不取銷前發之任何宣言矣、

內閣已贊成國民登記之方案

【路透社倫敦一日電】聞內閣已贊同國民依自願基礎報名登記之方案、今日下院開會時、掌璽大臣兼平民防衞部長狄德爵士、將宣布此事、聞政府研究全問題後、對於國內防務之需要、能以志願的努力應付之、及國民登記事宜、甚至不必用强迫履行各節、表示滿意、不日將以一種小冊分散全國居戶、令其註明各人能在平民防務中堪勝何任務等、小冊中並闡明報名登記之各地點、

外相在下院報告外交

（五）　六欄新聞的編法

美國各大報都有一位標題記者（The Headline Writer），專門做標題，但在中國各報館，均無此標題記者。純粹在理論上講，新聞標題，猶如人的外貌，應當請一位有專門技術的人做標題，尤其是六欄新聞的標題，每天衹有一個，是報上最大的新聞標題也就是讀者最注意的新聞。

不過六欄新聞標題的作法，完全與四欄新聞的標題相同。不過第一行第二行主題，由八個大號字改為八個超號字；第三行第四行副題，由十二個頭號字改為大號字吧了。其他的變化，一如四欄新聞的標題。抄一個例子在下面：

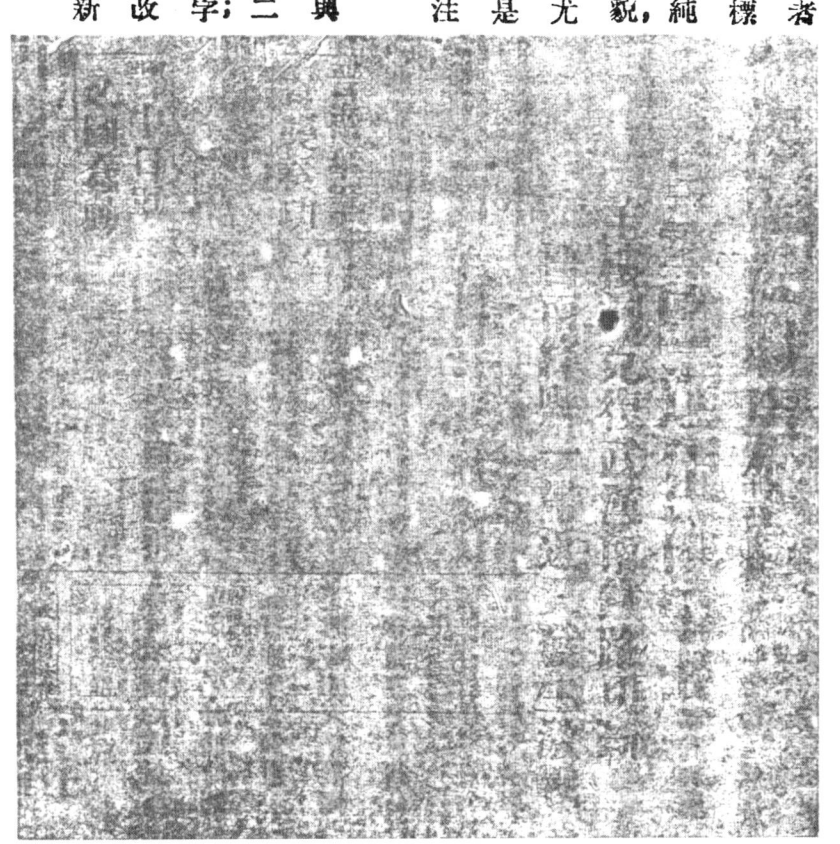

第三節　編輯部的分工合作

報紙既是一部的百科全書，當然需要各種不同的專家來編輯；所以編輯部裏包括了各種不同的人材，有如大學國會包括各種人物一樣。不過大學教授遇到疑問的時候，他在未上講壇教授之前，可以有充分的時間去檢查書籍，而謀得疑問的解答；國會議員弄錯事實，或在國會中說錯了話，還不至於立即就有許多人知道；可是在新聞記者，不論是編輯或採訪，遇到了疑問，沒有充分的時間去參攷書籍，在報上弄錯了事實，明天早晨報紙一發出去，馬上就有許多讀者發覺了，如果是一個嚴重的錯誤，或許還要引起讀者來函或來電話質問；所以做一個新聞記者，實比大學教授國會議員更爲困難。

個人的智力才力當然有限，如做新聞記者也單憑個人的智力才力去做，則每天報上就難免有錯誤；所以報紙的完美要靠整個編輯部人員的分工合作。例如有一部份的人員專門替讀者解釋時事，評論消息，發表報館的意見，指導社會輿論；有一部份人員專門替讀者到產生新聞的地方去採訪新生的消息，而寫成易解易讀的文字；又有一部份人員，把所有的新聞原稿加以編輯整理，再加標題；又有一部份人員，有專門的知識和經驗，編輯專欄，以滿足讀者知識上的慾望；更有一部份人，擅長藝術，選用照片或畫題眉的；此外還有一部份人管理書籍，供編輯參考的。總之，編輯部的每一角色，都有其專負的責任，他們的目的，無非在使報紙記載的消息更正確——眞，內容更精采——善，外形更加好看——美。

（1）社論撰述與新聞編輯的分工合作——各版新聞編輯既然都是專家，論理社論也應由他們分別擔任撰述；不過編輯的職務太繁重，要他在編輯之餘，再執筆撰述社論，似乎爲編輯能力所不及，所以社論撰述與新聞編輯的分工，在原則上是可以成立的。尤其在中國的報界，編輯部每一個人員都負有很繁重的工作。甚至一個編輯要主持好幾版的新聞，而內部的分工又不十分細密，不像歐美規模大的報館，有編修，拼版編輯，標題編輯，看樣編輯。在編輯做完了他的繁重工作之餘，還要他去寫社論，一方面在編輯的人是一件苦工，另一方面也難望編輯在匆促之間能寫出精采的社論出來。所以我們主張社論撰述與編輯要分工，但是也要時常接觸，以收合作之效。我們的理由是：

第一，新聞編輯對於時事最清楚，徹底瞭解目前最重要的問題。因爲任何的新聞都要經過編輯的審閱，判斷，辨別，所以對於新聞的內容最爲清楚；同時編輯憑過去的閱歷，對於新聞價值的估計也有特殊的能力。決不是沒有編輯經驗的人所能及。所以社論撰述人要時常和編輯接觸，徵求編輯的意見。否則社論往往失去重心，與新聞不能並駕齊驅。例如美商中美日報，它的組織採取日本式，把編輯部劃分爲兩部份，一爲言論部，專門管社論專載翻譯的工作，另爲編輯部，專門編輯新聞，各自獨立，各不相涉，而且辦公的地點分在兩地，工作的時間，一在白天，一在晚上，往往連兩部的人員也不認識；編輯專門編輯新聞，對於社論從不表示任何意見，而言論部負責人員，往往找不住新聞的核心，有時的評論失去了時間性，不易引起讀者的注意。在同業間競爭日益劇烈的今天，更加感到言論部與編輯部僅能分工，而不能合作，是不能適應環境；報紙的銷路祇有向下跌。我的最理想的組織，關於社論方面，有一社論委員會，每天開會決定題材，各版編輯也都能參加發表對於時事的意見。

第二最理想的報紙，是社論能與重要新聞同時刊出，使讀者遇到這種新聞發生疑問時，立即有社論在那裏解釋指導他對於這問題應採取的態度。所以撰述社論的人員，一定要是報館編輯部的人員，否則就要在同一的報紙上發生自相矛盾的記載。例如過去有一時期，美商華美晨報的社論，是由館外人擔任撰述的。當去年八月張鼓峯事件發生，蘇日關係緊張萬分的時候，上海讀者的視線都集中在東京莫斯科，因此各報均以蘇日衝突的消息，刊載在最重要的地位，反而把抗戰的消息，居於次要的地位；因此有人對於這種辦法表示不滿。隔了幾天，華美晨報就有一篇社論，批評上海各報的編輯，對於時事缺乏健全的認識，而懷着僥倖的心理，期望蘇日戰爭立即爆發。這種理論不問是否正確，但是華美晨報也和別家報紙一樣，把張鼓峯事件的消息刊在第一條，無異於自己罵自己；編輯看了這種社論，當然也要表示不滿，內部就難免發生意見。所以我們認為編輯部的分工合作，第一就要求得新聞編輯與社論撰述間的分工合作。

（2）採訪與編輯間的分工合作——採訪新聞，一般地說來，有兩種：一為本埠採訪，另一為外埠採訪。本埠新聞大半是由本報記者或特約訪員去採訪，所寫成的稿件大半刊載在本埠新聞版內，所以本埠新聞編輯（英美稱為 City Editor）實等於本埠新聞的採訪科主任。外埠新聞也是由本報特派記者或特約訪員去採訪，重要的新聞用電報打來，次要的或者要詳加說明的，則撰成通訊稿件，寄往報館，在通訊版或地方版內發表，所以外埠新聞的採訪是應歸於電訊編輯支配，電訊編輯就等於外埠新聞的採訪科主任。報館也是文化機關的一種，雖在系統上有上下之分，在實際上是最不分階段的，我們與其說採訪要受編輯的支配，無寧說編輯與採訪間要分工合作。

例如本埠新聞編輯，是報館中最忙的人，同時也是最難做的位置；他不但要編輯本埠新聞，而且還要指揮大隊的外勤記者，到各地去採訪新聞，在競爭日烈的目下，最好能採到一二則獨特的新聞。論理本埠新聞編輯，是幹了好多年的外勤記者，不但經驗豐富，而且對於本埠的人事，非常熟悉。對於每一個 Run，或一個 Beat，都有週密的佈置，構一個精密的通訊網。甚至平時無用叫採訪 to Cover the Run，事情一旦發生，馬上就會有人用電話來通知的。至於電訊編輯，對於駐在外埠的記者或訪員，也有同樣的作用，時常要用函電去支配他們的工作，照理電訊編輯在從前也曾幹過好多年的外埠特派記者。

外勤記者出去採訪消息，耳聞目見，當比編輯要多得許多，而且還有許多內情，不能用文字再寫的，所以外勤記者回來，除了寫新聞之外，並要把個中詳細的情形，告訴編輯，使他也能澈底明瞭，對於新聞價值的估計，不致有錯誤。此外還有一種情形，就是大都會中的通訊社林立，均有稿件供給編輯，遇到疑問時，最好還是叫外勤記者再去採訪一次，以免發生差誤。總之，要採訪與編輯合作的地方，實在太多了。我們認為最理想的報館組織，就是各部分的人員，都能分工合作，使報館也成為一種有機體。

第六章　新聞採訪

第一節　採訪記者

在報界競爭白熱化的今日，各報館中的採訪記者，就是從事新聞戰最重要的角色。看到英美法「消息報紙」日銷的巨大，「意見報紙」的落後，益信新聞競爭，已成為報紙競爭的焦點。如果報紙所載的新聞，都是依賴新聞社的供給而沒有本報的特訊，那末就很難獲得廣大讀者的擁護；而且銷路是報紙的生命所繫。所以在目前的報界，執行新聞採訪的任務，實在不是一件容易的事。過去做一個新聞採訪，祇要具備兩個條件，（一）採訪新聞的技術；（二）寫作新聞的能力。但在今日，因其工作的重要，對於採訪記者的條件，益趨於嚴格了。

第一，採訪記者要有豐富的常識（Common sense），因為採訪記者所要採訪的新聞，都是非常繁雜的社會現象；如果缺乏常識，不明白新聞事實的內容，就很難報道出翔實而正確的新聞來。至於常識如何才能豐富，一方面要採訪記者在求學時期，對於各種學科，都曾下過一番工夫，起碼要讀過「入門」一類的書籍，對於各種學科，雖不敢說門門都有高深的研究，但至少瞭解一個大概；他方面要業隨時留心與學習，平時有空，應多多翻閱各種報章雜誌，有機會，就得虛心學習，向各種學問的專家討教。長此以往，自會有豐富的常識。外國的報節對於採訪記者的選擇，往往以常識的豐富為取捨的條件。中國的採訪記者，大半忽略了這一點，一般認為只要有長於活動和寫作的能力就可以做採訪記者，殊不知事實上並不如此簡單。從前宋子文氏為財政部長時，常願接見外國記者，而不願對本國記者發表談話，他的理由是，中國記者缺之常識，常把他的話記錯了，在研究財政問題的人們的前面，就要變成笑話。我們看了目下的實際情形，對於採訪記者必需有豐富的常識的條件，實應加以嚴重的注意。

第二，採訪記者應有極敏銳的新聞鼻子(News nose)，隨時能找到新聞的線索；同時又應有極強烈的追究的心(Seeking mind)，遇到任何一件新聞事實發生，必追究其原因及其背境如何？如此，必能把新聞事實澈底明白寫成新聞稿，必有獨特之處，為報紙生色。

第三，採訪記者要有敏捷的才能，誰都知道，現代報紙唯一的特色，就是『快』，編輯、印刷、發行固然要快，就是採訪和寫稿也要快。尤其在報紙競爭劇烈的都市，報紙的生命，祗有幾小時，遇到重要新聞，還要出版『號外』(Extra-Edition)，採訪記者站在新聞競爭的最前線如何能盡他的職責，當要靠他敏捷的才能了。

第四，採訪記者應有精密的觀察能力，出外採訪新聞，遇到任何新聞事實，均應加以精密的觀察，切不可忽略，往往有表面上是極微小的事情，而其內幕卻是一樁極其曲折而非常重大的事情。此外，是非真偽更要有非常的判斷力；否則，就不能盡新聞報道的職責。

第五，採訪記者應有高尚的品格，不受賄賂，不參加政治集團；同時應有強健的體格，不辭一切勞苦；有膽量，有決心，有見識，站在採訪記者的崗位上，忠實報道新聞事實，而儘量發揮報紙對於社會的功能。

這五項條件，不但可爲報館當局聘請採訪記者的標準，且可爲有志於新聞事業的青年學習修養的門徑，更可爲新聞教育的方針。

美國名記者華倫(Warren)曾擬了一個『訪員十誡』(Ten Commandments of A Reporter)，是華倫的經驗之談，特介紹給我國的採訪記者。

1. Observe carefully, listern attentively;
2. Stock up the mental cupboard;
3. Read carefully and critically;
4. Build up a wide acquaintanceship;
5. Display initiative and resourcefulness;
6. Exercise diligently and patiently;
7. Use imaginary don't fake;
8. Write and keep on writing;
9. Think clearly and acurately;
10. Make wise use of leizure time.

第二節　新聞的採訪

新聞採訪，可分爲本埠採訪和外埠採訪。這是報紙所刊載新聞的兩大來源，詳細說明的必要：

一、本埠採訪——本埠採訪在英美報館有一位城市編輯（City Editor）負採到本埠一切關於普通性質的新聞之責。他不但有編輯的能力，且有極豐富的採訪經驗。可是在我國，雖無城市編輯，但特設有採訪部主任一職，地位在一般編輯之上，不過也要受總編輯的指揮。普通採訪部主任，也是物色極有採訪經驗，本埠情形極其熟悉的人擔任。他的職任有：（一）尋出新聞事實發生的地點；（二）指揮採訪記者去打聽新聞；（三）佈置新聞網；（四）指揮新聞的寫作及判斷新聞的價值；（五）審閱並修改採訪記者所寫作的新聞稿件；（六）證實昨天所發表的新聞；（七）考核各位採訪記者的勤惰及在外的行動。

在採訪部主任之下，擁有一大批採訪記者和特約訪員；其組織有如軍隊，採訪主任是總司令，坐鎮報館，聽取各方的報告，指揮採訪記者出去採訪新聞；採訪記者則爲身臨前敵的鬥士。遇有重要事情發生，都要派出去衝鋒陷陣的；至於特約訪員，就如前哨，一有事故發生，立即報告館中。重要的事情，由採訪主任另行派人去採訪新聞。在外國，有所謂 Run or Beat，這是採訪記者每天要去的新聞來源的地方；就以戰前政治中心地的南京市而論，有軍事委員會、蔣委員長公館、軍政部、海軍部、外交部、飛機場、航空委員會、市黨部、中央黨部、國民政府、行政院、教育部、鐵道部、憲兵司令部、衛生事務所、全國經濟委員會、衛生署、僑務委員會、蒙藏委員會、下關火車站、天文台、氣象台、中央研究院、各大學、總理陵園委員會、中央飯店、各級法院，以及其他機關，都要派定採訪記者每天去一二次。

至於新聞網的佈置，則在旅館、輪船、碼頭、火車站、救火會、醫院、教堂、俱樂部、慈善機關等公共場所，都要有訪員潛伏在那裏，一有事故發生，立卽就有人通知。如果佈置能得當週密，那末任何事情發生後，在數分鐘內，採訪主任就可接有報告了。

二、外埠採訪——外埠新聞以及國外新聞，是隸屬於電訊編輯主任的，所以在外埠的採訪記者，應受電訊編輯主任的指揮。在外埠的採訪記者，除了本報的特派記者而外，還有特約通訊員。特派記者和特約通訊員，以與報館的關係而論，雖有親疏的區別，但是他們的職責完全相同的。普通是如此，在重要的都市，各大報均有特派記者，而在次要的城市，則駐有特約通訊員。遇到該地發生重要的事情，則先以簡單而扼要的電文拍發過去，然後再進行調查，搜集材料，寫成詳盡的通訊稿，以最迅速的方法，郵寄本報。各地通訊的多寡和內容的詳略，也是現代報紙競爭的主眼所在。

不論做本埠或外埠的採訪記者，在其採訪新聞的時候，都應該遵守下列的規則。

（一）應到新聞來源的地方去採訪，不能以街談巷議作爲新聞，否則所寫的新聞就有不可靠的流弊；

（二）對於任何新聞，應有判斷的能力，不聽別人的褒貶；

（三）採訪新聞應有堅強的毅力，決不半途而廢，空手而返；

（四）採訪新聞固需敏捷，但臨事不可手忙足亂；

（五）不可隨便允諾刊載別人所托的稿件，因為新聞的取捨之權，完全操在編輯的手裏；

（六）應潔身自好，切不可受賄賂；

（七）熟悉當地的風俗習慣，並認識當地的重要人物；

（八）交友要廣，有事發生，即有人來報告；

（九）切不當談話者的面前筆記；

（十）保守新聞來源的秘密；

（十一）態度要不卑不亢。

第三節　新聞的作法

新聞的作法，和普通文字完全不同；不但在其特有的體裁（Style），而且受到許多的限制；最明顯的是時間的限制，不能超過發稿的死線（Dead line），其次是受篇幅的限制，不能太長了，為篇幅所不能容納；最後，採訪記者寫稿，不能有一定的清靜的地方，而要能隨時隨地寫好後，交給編輯發表。所以新聞稿的寫作，實在是一件極不容易的事情。但是一般的講來，新聞的作法有下列幾項：

（一）注意五W——就新聞的內容而論，不論新聞的長短，必需包括五項條件。（A）新聞事實發生的時間(When)，就是告訴讀者，這個新聞是什麼時候發生的；(B)新聞事實發生的地方(Where)，就是這個新聞在什麼地方發生的；(C)新聞事實中主要的角色(Who)；(D)新聞事實的性質(What)，就是這個新聞是什麼性質；(E)新聞事實發生的原因(Why)。這五個條件，也就是我們所謂的『時，地，人，事』而已。這是新聞特有的體裁，為別種文章之所無。

(二)文字力求簡潔——美國合衆社(Associated Press)的總經理斯東(Melvin E. Stone)著有新聞作法(News Writing)一書，對於新聞的作法提出幾項意見：(1)新聞的體裁以簡潔，直接，清晰，明白為最佳，使讀者易於捉到新聞的要點；(2)寫新聞稿件，應無偏見；(3)新聞的內容，力求準確可靠。一言以蔽之，新聞稿件的寫法，不外乎簡潔(Terse)準確(Accurate)和合理(Logical)而已。

(三)注意環境的因素——寫作新聞稿件時，不但在注意於新聞的寫作，力求其成功；但是對於環境的因素，也不能稍加疏忽的。最明顯的，一是報紙本身的性質，要能和它的編輯方針相符合；另是該報讀者的性質，他們歡迎什麼性質的文字；換言之，就是要迎合一般讀者的心理，使他們格外感到興趣。這是握筆寫作別種文字所沒有的顧慮。

(四)應有生動的文筆——新聞文字不但要求潔簡明白易讀，而且還要求活躍，生動，有力，幽默，使社會各階級的人，對於這條新聞，都能感到興趣。這才是成功的作品。

(五)新聞的體裁——寫作新聞稿件所用的體裁，普通祇有三種：一是敍述體(Account)，把新聞事實的要點，依次寫出來，簡單而明白。二是描寫體（Description），對於新聞事實中最重要的地方，加以詳細的描寫，使讀者發生一深刻的印象。三是背境的補充（Back ground writing），把新聞事實的動機，原因，以及結果，一一加以補充的說明，使新聞的內容更加充實。

（六）敍題（Lead）的寫法——遇到內容複雜的新聞，除分段記述，另加標題之外，最好在新聞之前，再加以簡短的敍題，把整個的新聞事實，先給忙碌的讀者一個概念。敍題的作用，顯然很大，一則可以驚心觸目的文字，刺激讀者；另則可以使忙碌的讀者易於看報。所以寫敍題有下列幾項條件：（1）簡潔明快，一目瞭然；（2）切合事實；（3）不可言過其實，也不可毫無聲色；（4）先述要點，後述次要；（5）以迂迴曲折的敍述為上乘；（6）多用警句，以刺激讀者。

最後還有一點要加以補充說明的，就是寫新聞時，應站在第三者的立場，切勿參加記者個人的私見。須知新聞的作用，純粹報道新聞事實，記者的意見，應在言論版內發表，而不應滲雜在新聞稿內。

報紙的內容，除了新聞之外，還有新聞電報（Telegram），特寫（Feature article）和特約通訊（Special correspondence），這些文稿的寫作，又與新聞不同，因限於篇幅，祇能加以簡略的說明：

一、新聞電報（Telegram）——新聞電報的寫法，本來和新聞一樣的，不過為報館節省電費起見，應比新聞更要簡明，一切不必要的文句，都要儘量删除，就是要人的姓名，祇要用常識判斷，編輯自會補充的，也祇要發眞姓就可以了。例如蔣、汪、朱、毛、何、孔、宋等。

二、特寫（Feature article）——報紙上所刊載的特寫文字，以其體裁的不同，大約可以分五類：（A）非人的描寫兼記敍文（The impersonal narrative-descriptive article）；（B）訪問記（The interview story）；（C）個人經驗談（The personal experience story），包含「懺悔」（Confession）文字；（D）人物素描（The personality sketch）；（E）指導文字（The how-to-do-something article）。特寫的旨趣，既在增加讀者的興趣；所以寫成特寫，應注意下列幾點：（一）文字通俗易曉；（二）文筆生動活潑；（三）富於趣味；（四）全文以一千五百至二千字爲最相宜；（五）分段敍述，（六）富於熱情感人；（七）予讀者以深刻的印象。茲抄錄大公報所載的特寫，以爲學者練習特寫的模範。

閘北大火記

「保衛大上海，」現在不是空喊的時候了！要緊急執行着「保衛大上海」的有效工作！

「焦土抗戰，」我們還未作到將人的程度；敵人的「焦土侵略，」可說澈底的施予我們了！

不信，睜眼看看！登高一點看看！走到蘇州河邊看看！

我們英勇的將士，在滬與敵苦撐，兩個半月，因爲大場一個據點被敵突破，閘北我軍懸然陷於三面被包圍的狀態中，若不及時撤退，勢必中敵奸計。

我們有計劃地撤退，早在前天夜間實行了。

敵機瘋狂

敵人昨天整整搜索了一天。晨五時許，就派出大批飛機，約達四五十架之多，在滬西梵王渡、大西路、中山路、虹橋路一帶盤旋偵炸，並用機槍不斷掃射。一直到午後五時半光景，才紛紛飛去。

敵機在滬西轟炸時，除在租界區域內炸傷居民百餘人外，最慘的是白利南路上的申新紗廠，雖在砲火中渡過了兩月多，勞資雙方仍努力維持着工作。想不到在我軍撤出整個閘北的時候，還遭受了敵機這樣慘酷的轟炸。

因爲敵機的整日威脅，救護人員不便工作，所以中新職工死傷的確數，到晚間還沒有人知道。據逃出的工友說，至少有一百多人。

記者昨晚七時前往調查時，有許多女工還逗留在梵王渡鐵柵門附近的馬路上，向探捕們訴苦：「先生，做做好事吧！讓我們幾個人過去。我們的爺爺因爲年老沒有逃過來，一天沒有吃，晚上還沒地方住，我們接他過來好不好？」

「那有什麼辦法，這裏過了六點鐘，誰也過不去，就是讓你們過去，也過不來了。」幾個華捕很同情而沒辦法地回答。幾位女工們雖然絕望了，仍彳亍不肯走開。

兩天的大火

公共租界工部局的救火車與救護車也出去了好幾輛，但是停留了好久，眼看着瀰天的大火延燒，而沒有辦法去撲滅；分明有好多工人在中新紗廠裏呻吟，也不能越鐵柵而去營救，到底還是空車開回去了！

無量數的旅客們，多在旅行社買好了車票，有的來趕六時整的京滬車；有的想搭七時半的滬杭車，都在梵王渡折回了。

虹口、楊樹浦、閘北、江灣……淪爲戰區以後，有錢的人家可以逃到租界，或者前往各地。惟有許多貧苦的市民，逃既無錢逃，租界居亦不易，於是迫不得已，只有暫住在靠近租界的滬西近郊。

不料，我們軍隊撤退第二道防線後，敵機竟施瘋狂地轟炸。尤其是許多的平民草棚，好像這羣野獸的眼中釘，轟炸還覺得不够，竟低飛用機槍掃射，迫得成千累萬的貧民扶老攜幼地逃向租界來。

在敵機凌空肆虐的時候，租界方面還可以冒險地自由來去，所以逃入租界的有五千多人。等至敵機散去，鐘敲六點的時候，租界各處鐵柵都封鎖了。迫得約莫一萬五千多難民走頭無路，只有蹲在地上等天亮。飢寒交加，敵機來襲，誰也無法避免！

敵人轟炸難民還不够，凡在蘇州河北岸的民房，都成了敵人洩憤的對像。在所謂「威力搜索」的情勢下，我們商民不知幾千萬間的房屋，都被敵人縱火焚燒了！

悲壯的鬥士

記者於昨午後五時許，在新垃圾橋前北望時，敵人引起的火焰高達數丈，整個北區都在紅光的圍繞中。在煙霧瀰漫中，仍不斷有機槍與手榴彈的射擊聲。我們掩護退卻的部隊，仍有數百人堅守着蘇州河北岸四行倉庫等據點內。敵人雖用火力威逼，但是我們的英勇將士，早把生死置之度外，決不會屈服的！相信在敵人冷不防的時候，還會殲滅他好多個。昨晚聽說他們只請求軍部補充他們一週的食糧，一切就不必顧慮了，這樣的壯烈精神，將予敵人以巨創！

沿蘇州河西行，在烏鎮路橋的北面，福源福康錢莊聯合倉庫，江蘇銀行第一倉庫，交通銀行倉庫幾所大房的後邊，都在少數往來梭巡的敵兵監視下，起着無邊無際的大火！

一座火出口

在新閘路橋的南岸，記者正在眺望時，忽然蘇州河裏飄來了一隻難民船，滿滿地載了約莫有二十多個人，由一個「道士」裝的男子與幾個帶輕傷的婦人駁動着。

「喂！你們從那裏來？」記者驚駭地問。

「先生，救救我們呀！我們房子燒光了！」一位老年婦人大聲着哀呼，沒有顧得切實回答我。

「你們到那裏去？」一位同行的友人又問。

「到那邊去，」這句話剛剛答出，船就匆匆開去了。記者又繼續前往麥根路，蘇州河北岸的「同德洋棧」的房子，正像一座整齊地的火山在爆發着，三五個敵兵很得意地看這因藍天色陪襯的金黃色火花，不知愉快到何等地步！

宜昌路橋北的中央造幣廠建築，敵段敵兵均未毀滅；可是近旁的「大隆鐵廠」早經炸毀了！附近的平房也於昨晨十時燒光了，

記者驅車歸來時，半個大上海還在敵火包圍延燒中。

例二 范式之的張姑山的殲滅戰

當我們開始度着這十月的日子，江南前線的戰事，敵人被阻於隘口馬迴嶺一帶，以右翼及正面進攻德安的企圖是幻滅了，於是乃改從一〇六師團全部及一〇一師團之一四九聯隊由[illegible]松浦中將率領於十月四日起，沿瑞（昌）武

（事）公路及公路以東的山地向南進犯，企圖由德安西方葛家嶺，張姑山，長嶺一帶突破我軍陣地，以一種迂迴的方式攻略數月不克的德安，

是十月六日的黃昏時分，張姑山，葛家嶺長嶺及興隆街一帶陣地都已被敵攻佔。我改守佛天嶺張家四之綫，七日敵更向南進攻，激戰頗烈，我江南最高指揮官察知敵人進攻計劃，即迅捷反攻包圍戰略，將全線有力部隊如王耀武部，馮占海部、歐震部及傅立平部等分布於兩翼，當敵於七日正向南進攻之際，我軍即開始反攻，經七八九三晝夜的激劇戰鬥，卒將敵寇全部包圍殲滅，這比美台兒莊的江南劃期勝利，終於全國一致熱烈慶祝國慶聲中，傳遍了每個黃帝子孫的耳鼓，他不但提高了全國民衆慶祝國慶紀念的熱情，並且堅定了每個民衆對於最後勝利必屬於我的信心。

在這次偉壯戰役中，有許多中華民族的好男兒已用他們的血和肉寫下了許多輝耀的史詩，南昌各醫院在這個時候也送來了大批負傷將士。因此在一個溫和深秋的早晨，記者便到××醫院訪問這次主攻奏效激戰最烈的王耀武部的常唐兩團長三位營長和十餘位連排長及士兵。

恬靜的病室躺上了二位鬚髯滿面的將士，雖然睡在那兒，可是英偉的儀態和高大的軀幹，還是很快的映入我底眼簾，經友人吳展天介紹以後，他們是那麼殷勤的招待着。

首先，我向他們表示崇高的敬意，他們的態度是那麼地謙虛，接着，一幅驚心動魄的戰爭圖畫便從他們的口中清晰地煊映在我底心靈。

贛西北是江西最高的地帶，沿着幕阜山和九宮山脈，連綿不斷的數百里。地方是那麼荒僻，有許多山名連當地老百姓也不知道。

七日的晚間我們唐團長便奉令攻擊張姑山，常團長攻擊長嶺，在我們當面約有一聯隊的敵人，山勢是那麼險峻，在沒有星月的深夜，天在下着大雨，將士們一步步的匍伏前進，夢想『支那軍人』不敢進犯的「皇軍」都在工事內高臥，這樣一些敵人很快地被我們肅清了。後面的敵人立刻反攻，在黑夜中混戰的結果，雙方死傷都很重大，可是我們既佔的幾個陣地並沒有失守。

天明了！（八月）敵人的進攻更爲猛烈，自上午至黃昏，敵機數十架（純一色的新品炸機）低空助戰，擲下無數的燒夷彈，遍山的野草都着了火，士兵們到山下挑水和用小便將火熄滅，同時沙塘圍等攻擊亦甚爲得手，幾小時苦撐的結果，戰局穩定了。

夜的序幕已展開，我們清查人數，第二營傷亡殆盡。晚上我們再度進攻，這時張姑山只剩下最後一個高峯尚在敵手，山勢非常陡削，我唐團攻擊稍受頓挫，可是士兵們還是前仆後繼的衝鋒，敵人只好放射噴嚏性瓦斯。這時我們更挑選敢死隊曾排長雲飛，他勇敢地帶着二十幾個弟兄摸入敵人的陣地內，一陣手溜彈將敵人消滅，而在進攻敵人左翼的郭排長清厚，他更爲奇特，他輕輕地摸到敵人工事面前，將帶去的輕機槍放在掩蔽部槍口上用槍向內射擊，這是一個班的掩體，不消說這一班敵人是消滅精光了。後來我們這兩位英勇的將士不幸都受了傷，尤其是郭排長傷了四五處還緊持着要在前方野戰病院療治，不肯來後方，俾便傷愈後即可迅轉前線繼續殺敵。

這張姑山最后的高峯，用了我英勇將士們無數的血肉換到了！敢死隊的弟兄們犧牲了過半，這兒在嗶嘰街之北，敵人後方的交通有被我們截斷的可能，所以敵人不得不用全力分二路反攻，一路進攻這最高峯，另一路則沿嗶嘰街大路反攻。九日的早上，敵機擲下無數的瓦斯彈，整個守軍殉國了。他們直到最後的一刹那，不曾後退一步。

這時我唐團長生海負傷，繼任的于代團長清祥在二小時內亦陣亡，營長尹本提胡雄鄧希文都先後負傷，營長王之幹耿之仁陣亡，四團人苦戰四晝夜，大部份是壯烈犧牲了！可是，也正由於他們　每一個將士——都抱着「只顧沙場爲國死，何須馬革裹屍回」的有進無退有敵無我的犧牲決心和精神，將奪回的張姑山始終確保在我們手裏，由增援的歐震截斷了敵人後方的交通掩護着右翼的友軍由楊屑尖公母嶺進攻王家山，老虎尖，左翼的友軍由馬鞍山進攻福嘰敵，於九日下午先後攻至指定地點，將敵一〇六師團及一〇一師團之一四九聯隊全部包圍在內，包圍圈逐漸地由大縮小，至九日夜我軍由四週白刃肉搏前進，血戰竟夜，終於十日擲曉將敵寇全部殲滅，突圍北上，揚坊衝鎮出者僅千餘人。我共生俘敵寇五十餘，獲砲十餘門，機槍百餘挺，步槍千餘支，其他軍用品及文件無算，完成了江南劃期的勝利。

唐常兩團長都傷在腿部和脚部，筋骨都打斷了！現正在接骨，大概不致殘廢。記者一直談了一點多鐘，看護士再三進來辭告他們要少說話，記者也就興辭而出。再走到其他各位將士的病室，他們都生龍活虎似的將那些壯烈的戰況告訴我，他們都說，許多負輕傷的將士還繼續在部隊中服務，死也不肯到後方來，這中華武士道的精神是到處充溢着大中華的戰士們是愈戰愈勇！（十月十六日隨[illegible]軍中）

（三）特約通訊（Special correspondence）——就是在某一地方發生了極重大的事情，特約通訊員或特派記者，即往發生事件的地點，作多方面的調查與訪問，並搜集各種資料，把事實的經過，原因，及其可能的後果，寫成一個詳細的報告。一般地說來，特約通訊稿和『特寫』的作法完全相同的。抄錄一二個例子，可以說是特寫，也可以說是通訊。題為記中國青年記者學會的成立大會。

春天，年輕而康健的自然，一切都在茁壯，長成！三月三十日的下午二時，中國青年記者學會，假座漢口青年會二樓禮廳，開莊嚴熱烈的成立大會。表現了全中國的青年新聞記者，在偉大的民族抗戰烽火中，空前的團結起來，捐着戰鬥的筆桿，向『增強抗戰新聞工作』『推進中國新聞事業加速進展』之鵠的，邁步前進！在未來的中國新聞史上，這一天將是值得大書特書的輝煌一頁！

那一天到會的來賓，異常踴躍，人數幾乎超過了我們到會的各地會員代表，以及列席的會友們。新聞界的前輩，如張季鸞，曾虛白，鄒韜奮，陳博生，王芸生先生等，都滿懷着興奮而蒞會。此外，如掃蕩報社長丁文安，武漢日報社長王亞明，以及新華日報社長潘梓年，在兩點鐘之前便準時到達。杜重遠，沈鈞儒，閻寶航，金仲華，郭沫若，及外國同業塔斯社羅果夫，美國合衆社愛潑司丹，女作家史沫特萊等，先後到達。每一個人都翻着學會出版的「新聞記者」月刊；羅果夫是一個蘇聯新聞記者中的「中國通」，拿着自來水筆，在替我們月刊，校對着錯字。在座來賓，都是在中國新聞事業艱苦歷程中戰鬥過來的先進份子，融融洩洩的談天，把整個會場洋溢着和煕的氣象。

開會之前，監察院于院長與中宣部邵部長，翩然蒞此。這給我們一個更大的興奮！

行禮如儀，首由主席團范長江致開會詞：「諸位來賓！各位會友，今天我們非常興奮！本會的前身，是記者座談會，在上海已有三年以上的歷史。其間籌備，自上海以至漢口，亦有半年以上，各地分會，逐漸發展，今天出席的代表，都是各分會推選出來，因為全國各地會友，決不可能大家停止了工作，來集在一地開會。儘管今天是成立大會，但從實際的幾點上說，不能不算是全國性的首次代表大會。中國新聞事業，過去經過若干先進的艱苦努力，已建立了光輝的成績，但中國新聞事業的前提，尚還有待願意終身於新聞事業的青年們努力。我們組織學會的目的有兩點，（一）進行自我教育，（二）部份地解決當前新聞事業的困難。自我教育的方式，一為用版討論新聞學術的刊物，一為利用座談會討論會等方式，它的內容分兩方面，第一，接受前輩新聞記者的經驗，第二，進行同輩間的相互教育，彼此交換工作經驗，相互砌磋。關於解決當前部份地新聞業困難，我們想組織戰時採訪團，一方面結合有志新聞事業而無適當工作崗位的青年朋友，加强抗戰中的新聞工作。一方面供應各內地報紙，擴大我們抗戰新聞工作的範圍。這些工作之完成，全要靠各位先進與來賓之指導協助。今天我們祇能表現熱烈的情緒與希求上進的決心，今後我們將以實際的努力，來答覆諸位先進之盛意與期望！」

旋由籌備委員會朱明，報告大會籌備之經過。

邵部長致詞：「今天我不多說話，因為不久我還跟諸位談過許多話。祇祝頌中國青年記者學會之成功，並希望諸位從實際上開展工作，用學問來充實內容！」

于院長也興高采烈的說話了，全場是很肅靜的傾聽。劈頭第一句便說：「今天指導長官訓話的于右任，請假不到，我今天來是以一個當過新聞記者的資格，來跟諸位談話。」

大家發起了一陣熱烈的掌聲。繼下去說：『自從抗戰以來我們獲得了許多可貴的教訓，戰爭越是打下去，我們各方面都越有了進步。抗戰的戰場是我們記者修養的場所，抗戰越有進展，我們也應當更加進步。我自己很抱愧不能終身做記者，對不起偉大的時代。』大會通過四項議案後，旋即通過簡章和大會宣言，選舉理事。

翌日下午，繼續在中央黨部閉會，圓滿地結束了盛會。今後全中國的青年記者，將在中國青年記者學會的大旗幟下，集體學習和集體工作；向中國新聞事業輝煌而遠大的前程，攜手進取。

例二　淪陷後的濟南

『敵人的從容而得濟南，進城時不過一萬多人，還約一萬人的敵軍，只在濟南住了四天，就開拔南下了。城內就由一千左右的日本警備隊駐守，直到現在，濟南還是由他們駐守着。

但，濟南的大商舖裏卻留下了許多穿軍服的日本商人，他們是被征調入伍的商人，到了濟南，就霸佔住商業不再想走了，也有一部份是隨軍來的商人，他們是來收拾軍部打下的贓物的。

緊跟着軍隊後面，就運來無數的貨物，在這許多貨物裏，最多的是鴉片，白面，其次是白糖和布匹，於是一切商店都被迫着閉門營業，被迫着銷售這一切貨物，顧客除了冬天的西北風之外，恐怕就再沒有別人了。

現在給一般農民以絕大損失的，是原有山東省一切紙幣，概不准通用（在山東發行的紙幣有山東省庫券及民生銀行的二種。）通用的只有法幣和老頭票二種，不過老頭票不能使用得開，一般民衆都認爲就是將變爲廢紙的東西，都不敢收受，因此，雖然幾次的經僞省政府及日本軍部的申令，老頭票就是日本人使用，也得打一個九五折。

可是這一個危機也就此逐漸顯露來，現在山東一般未被佔領的縣鄉的法幣，已漸行減少，甚至已被視爲珍寶；敵人已在淪陷區域，大批收買法幣。

現在在濟南的一切原有銀行，是都倒閉或被毀了。在中國銀行舊地舖樹立起了朝鮮銀行濟南事務所，同時，濟南的大麵粉廠成記和惠豐被接收而開工了，成大紗廠也被接收開工了。

僞省府成立後並沒有公佈任何法令，只有在成立統稅局的時候，出了一張公賣大烟的佈告，大烟每燈一元領執照十元，這筆錢就是僞省府經費來源之一。至於其餘的經費均出在苛捐雜稅上，日軍剛進城的時候，就收了八萬房捐，現在正進行一切其他捐稅。

僞省府的實力就是原有濟南的警察，槍械已被日軍繳去，現在僅拿着一根三四尺長的木棍在街頭站站而已。最近成立了一個所謂「宣撫班」，收買大批落後青年，將作爲「宣揚日本王道」之用。又在籌備一個「模範學院」，那自然又共和北平的「新民會」一樣的奴隸養成所了。

第四節　怎樣訪問

在濟南共有三種報紙，濟南日報晚報及天津庸報，都已是敵人的東西，報上除對中國政府造謠以外，什麼消息也沒有，就是「皇軍」的「勝利」消息也沒有。大概沒有什麼「勝利」可說了罷。說到日軍士氣，實在使「皇軍」威風掃地。最近時有日軍士兵自縊，更有許多士兵向居民流着眼淚說：「回不去了！」

眞是，日本人自己比我們看得清楚。日本的一切輜重給養，完全安置到黃河北岸的鵲山，黃河上架着十二道浮橋，濟南每天戒嚴，原先是晚九點，現在提早到六點，一到晚上，日軍全部匿居在商業和大陸二銀行裏，連步哨也不敢派。

因爲在城內有着我國武裝的便衣隊，雖然已爲日軍及漢奸活埋了一二百，而濟南城外，廣大的四周卻都閃現着中國游擊隊和民團的槍尖，日本人自己懂得自己的命運：

「回不去了！」

（記者小珠寄於清平）

採訪記者天天要訪問，但是訪問要人卻不是一件容易的事情。在英美各國的政治家，都樂願接見記者，但在中國則不然，常常躲避新聞記者。因此採訪記者如果本領欠高明，就有白跑了半天，結果空手而返。所以如何訪問要人的問題，在初學採訪記者的也非常重要的。

一、訪問前的準備

1. 請人介紹——訪問要人明星、作家，最好在事前請熟人用函件介紹。因為他們對於熟人尚不肯一一接見，對於生客當然更加要謝絕了。

2. 澈底認識被訪人的個性履歷及其地位——談話也是一種藝術，如果能迎合對方的心理，他便會欣欣然，滔滔不絕的把你要問的問題，完全很坦白的告訴給你；反之，你的話如果是他所不願聞的，那末他覺得討厭你，對於你的問話，便會不置一辭。所以在訪問之前，先要把對方的個性歷史研究清楚，以免臨時失言而影響到你的訪問工作。春秋時代所謂游說之士，也不過澈底明瞭對方，每一句問話，必為對方所歡迎而已。

3. 預擬問題——訪問要人所欲提出的問題，最好事前擬就，一則可免臨時想不到問題，寒暄了幾句之後，就無話可談；另一方面不致發出不適當的問題，予對方以不良印象。而且在事前有所準備之後，對於對方所發表專門問題的談話，也比較容易了解與記憶。

4. 注意衣飾的整潔——訪問要人，常遭到門房的擋駕，而在他們勢利的心目中，衣服就能表現出身份來；所以要突破這一重難關，并注意衣飾，去則必坐汽車。關於這一層的話，做過幾年的採訪記者就知道很必要的了。

5.約時訪問——要人很忙，接見來賓，有一定的時間，有的更排好了日程；所以要去訪問他，最好事前能約定時間，以免做了『不速之客』引起對方的突兀。

二、訪問時的態度

1.寒喧得體——待至要人出來接見時，應即起立點頭或握手，並須寒喧幾句，傲慢輕率，固不可有；但也不可過分謙虛，浪費要人寶貴的時間。

2.直談問題——寒喧幾句後，就該把事前擬好的問題提出，恭聽要人談話。不過要人的態度，因人而異；有時對於你的問題，儘是發笑而不說話；有的滔滔不絕；更有的模稜兩可，捉不到談話的要點。此時訪問記者對於第一種人，應設法引起他談話的興味，或者把報紙未發表的消息告訴他；對於第二種人，至問題答覆後，才讓他說下去；對於第三人，則提出別人的意見，請他表示是否。如此訪問的目的，也就可以達到了。

3.對要人表示尊敬——當要人發表談話時，訪問記者應注意對方的表情，靜心細聽，以表示對要人的尊敬。同時對於要人的態度、風采、衣服、房子的佈置，都要注意，寫在訪問記事，以增加讀者的趣味。

4.強記要點——在要人滔滔不絕的談話時，訪問記者切不可當場拿出筆記本來記錄；因為對方看見你在記錄，他的談話就要有所戒心，而不能坦白陳詞了。祇有不易記憶的地名，數目，時間，可以當場記下，寫下後並給要人看一看。表示祇寫的地名，數目，時間。

5.態度——訪問記者的態度要謙恭溫和，鎮靜。

6表情——切不可輕率，慌張，而應留神傾聽，從容不迫。

7.話完卽辭——要人的話說完後，採訪記者就得起身告辭，以免浪費對方的時間。

三、寫稿應注意之點

1.內容愼重發表——要人特別囑託勿發表的談話，就應遵守；切不可取快一時，而阻塞一新聞的來源。談話中有一段話涉及專門問題，如爲個人所不能了解，則以送給要人看過一遍爲宜。再如有對於某一段的談話，不甚清楚，千萬不要寫出，以免引起錯誤。

2.寫稿的體裁——訪問後歸來寫作專稿，所用的體裁，不外乎三種：一爲問答體（Dialogical）；二爲敍述體（Narration）；三爲描寫體（Description）。這三種體裁，可以兼採倂用。茲抄錄美聯社記者訪問蔣委員長一文爲例。

常常聽得說年方四十七歲的中國領袖蔣委員長，是世界上最難得會見的要人。這話並不錯，至少他不是個很容易見面的要人。這有三種緣故：（一）蔣先生不輕易接見賓客，（二）他是硬幹實幹不尚空談的領袖，（三）他太忙了，軍事，政治，社會各方面的事情集中在一個人身上；而且還常要巡視各處，幾乎完全沒有閒暇的時間。他之所以不容易見面，就因爲他是世界上事務最忙職責最重的軍事領袖，常常乘着飛機飛來飛去。假使要和蔣先生談一次話，必須腦筋明晰，動作敏捷，有忍耐心，經過繼續不斷的追求，同時還要碰個人的機會。

我得蔣先生約期晤面的消息，後來聽得說牯嶺召集重要會議，我又馬上跑到牯嶺去。在牯嶺，孔祥熙先生住在廬林五十一號，蔣先生住在廬林十三號。孔先生是個氣宇恢宏的政治家，他曾經幫助我會見汪先生（精衛）我現在又抱着滿腔的希望去見他。但是他告訴我，蔣先生病了，暫不會客。我聽了很覺失望。我住在廬林一所木做的小屋裏，蟋蟀雅雅的悲鳴着，滿山的樹，被風吹得沙沙的作響，山溪潺潺的流動，發出嗚咽欲絕的聲音。我唯一安慰我自己的方法，勉强吃了一餐飯，飲了一杯威司克酒，納頭便睡。睡了好些時候，聽得外面一陣敲門聲，我一面開燈，一面叫他進來，（牯嶺房屋例不閂門）一個黑髮面貌很整齊的中國僕歐呈現在我的眼前。

「旅館裏的電話」他說。

「你去告訴他，我已經睡在床上了，今晚不能再爬過山頭去接電話。」我扭熄了電燈，依舊躺在床上。中國僕歐悄悄帶上門走了。

第二天早上，有一張紙片在靠近門的地板上映射到我的眼簾。我從床上跳下來拾在手裏一看，上面寫着：「財政部李秘書約請柏爾先生於明晨八時半至九時前往一談。」我如約去會李秘書，他說：「委員長願意在午餐的時候接見你，地點是廬林十三號委員長公館。可是委員長病體尚未十分康復，同時又忙得不可開交，祇能和你作十五分鐘簡短的談話。」

十五分鐘雖然是很短促的時間，但是一個有腦筋的人，也能夠說很多的話。我在十二點欠十分，跑到委員長公館。門口有兩個綠色制服的青年兵士，攜帶着自動鎗屹立着。我遞了一張名片，向屋子裏指了一下，一個兵士持了名片，送到另一兵士的手裏。不一會，有一位漂亮的招待員把我引到了一間冷靜的客房。停了一下，又把我引入寬而短的走廊，上了扶梯，走進一間較大的客房。在這裏陳設得很合式，但並不怎樣華貴。從窗眼裏可以望到外面爭妍鬥勝的翠菊，樹木陰翳的山峽，以及淡灰色的遠山頂。我一眼瞧見孔博士帶着笑容站在我的前面，他旁邊站着一位漂亮的中國貴夫人，臉上也浮着禮貌的笑意。孔博士和我握過手以後，向雙方介紹說：「這位柏爾先生，這位蔣夫人。」蔣夫人也和我握手，說了聲「幸稱。」請我坐在大椅上。她說得一口道地的英國話（她在Wellesley 大學畢過業，）孔博士也和我們閒談着。

這當兒，我聽得屋子裏發出輕微的足步聲，隨後有一位精明強幹的偉大人物走了進來，房中的人都站起來。孔博士又替我們介紹說：「這位柏爾先生，這位蔣委員長閣下。」於是我和這個人殷殷握手。這個人未來的歷史，會被稱爲「中國華盛頓」的。我覺得我和他談話的機會，祇有十五分鐘，不能讓一分一秒白白的損失掉；但我在未開口以前，不能不犧牲幾秒鐘，一瞻他的豐采。他穿了一件很整潔的藍色長褂，瘦而結實的身體，額高，鼻大，黑鬚，目光炯炯射人，這是我生平所僅見的不怒而威的儀表。假使他和你談話的時候，他會很留心的注視你，如同灼見你的肺腑一樣。你不會相信他是不懂得英語的，也許他有察言觀色的本領。他在未回答以前，很留心的聽翻譯的華語。他回答得很迅速，很柔和，臉上常浮着笑容，然而笑容中自有無限威嚴的氣象。

「閣下，」我開始發問，「我可不可以請教，中國民族在精神上，道德上，體質上，能做第一流軍人嗎？」

「毫無疑義的，能夠適合這條件。中國人極忠實，極勇敢，願爲有代價的犧牲。照體質說，可以忍受長期的痛苦；尤其是山東，河南，湖南，浙江之一部；廣東，廣西，都是產生好軍人的地點。中國軍人所需要的，是合乎科學的訓練。」

問：「中國很大的國軍，是不是將來政治之統一，經濟之建設所必需的東西？」

答：「不是的。中國最大的期望是和平。我們最反對軍閥的誇大性，我們無侵略鄰國的野心；也不願維持巨大的軍額，現在正從事整理，以達到核減兵額的目的。我們所需要的兵額，以內足以維持秩序，外足以保護國權爲限度。至於政治之統一，經濟之建設，我們所依靠的不是武力，而是普及教育，以及各領袖的精誠團結。」

問：「有些近代的作家常常討論到『征服者』的問題，恐怕在東亞會產生一個『征服者』，把全世界都征服在她的權威之下。」

這段話由蔣夫人擔任翻譯，蔣先生的目光閃閃如電的領聽着。

「你相信會有這種事情嗎？你覺得各民族會不會團結起來，以抵禦這個『征服者』嗎？」我逼緊一步問了這兩句。

答：「我完全不相信『征服者』會要抬起頭來，不管她想征服一部分，或者征服全世界。縱令有一個懷着這種野心的國家或人民，憑着我們經驗的判斷，民族和國家的團體是不容易滅倒的。牠們（指民族與國家）也許向文化低頭，但決不向『征服者』低頭。整個的征服人家，是不可能的，無論是誰。開始這種不可能的工作，在未達到他們的迷夢以前，必會遭遇到打擊。無論個人也好，一階級也好，國家也好。有的時候，抱得征服全世界的思想，假使他們能夠把事實和歷史研究一下，把人類複雜的情感特性想一想，都不難憬悟到全世界或世界之一部，決不容有這一類的狄克推多出現吧。」

問：「誰是歷史上最偉大的軍人？他對於人類可寶貴的貢獻是些什麼？」

這段話是孔博士翻譯的。他很促切地注視着蔣先生，以蔣先生答案。我想：我們必定會猜想到蔣先生的答案，不離乎『亞力山大』（馬其頓國王）『凱撒』（羅馬帝國皇帝）『漢尼拔』（加薩基大將）『拿破崙』（法皇，按以上四人均外國歷史上公認爲最大的將才）惠靈吞（擊破拿破崙的英國名將）『李將軍』（美國南北戰爭時南方有名的領袖）『格蘭特』（美國總統，頗有戰功）這些有名人物了。然而蔣先生的答案出乎意料之外。

答：「我的意思，孫中山先生是歷史上最偉大的軍人。他以最少的困苦，最少的流血，最少的破壞，能夠戰勝一切，把榮譽歸於國家，以達到保護民族及防衛國家的目的。孫先生還有一種別人辦不到的本領，能夠化敵爲友，避免戰爭的慘酷。他對於人類最大的貢獻，就是把佔了全世界人口四分之一的民族解放出來，而未經過一場大流血。他的軍隊是和平的軍隊，憑着主義戰勝敵人，而不憑着鎗砲。他把廣大的被壓迫的民族解放出來，使他們享受國民應有的權利。」

問：「委員長對於國際和平運動，有沒有堅實的信仰？」

答：「我相信和平運動必能得到最後的勝利。否則，世界文化必有被毀滅的一天。因爲文化和戰爭是不並容的。我以爲戰事是一種愚蠢的災禍，是道德上物質上的大敵人。現在的和平運動，比過去時代都努力些，未來的公理之實現緊於此，世界的拯救也緊於此。」

問：「閣下將如何進行維持世界和平的工作？」

答：「我憑藉貫輸一種教訓履行國際條約的教訓。這種禁止國際間互相侵略的教訓，在任何情況之下，大家是應當絕對遵守的；縱然有些國家受了委曲，也應當採取和平方法以圖矯正。國際間一切動作，都應以和平合作爲基礎。」

問：「我祇有一個問題了，這問題即是新生活運動的核心是什麼？」

答：「這是造成一種健全國民人格的運動。我國有四五千年的歷史，民族具有優美的德行，不幸後來失掉了這種德行，我現在想把先民固有的德行追了回來，掃除奢侈和迷信的陋俗，代之以清潔簡單的生活。」

我和蔣先生蔣夫人孔博士告別以後，回到太嬰的屋子裏，吃了一頓飯，飲了一盃威司克酒，我覺得味道比昨天的好多了。這一晚蟋蟀還是瞿瞿的叫，好像美妙的音樂；風聲，樹聲，流水聲，無一不清脆悅耳，我好像住在美妙的樂園裏。

我們再抄一篇訪問記，以爲初學者的學習。這是曹聚仁在福州訪問了白崇禧將軍後寫成的。

一 福州文藝劇場之一幕

本月十九日下午白健生將軍悄然來到福州；這對於福州市民是一顆大喜果。近旬閩浙沿海頗有點緊張，即平日作『苟安』瞥解，以爲日軍必不致侵福州的，也惶恐浮動，不能自安；這位獨當『六面』的高級將領，對於沿海戰局如何判斷，深爲國人所欲知。白將軍在福州先後公開演講三次，第一次在省黨部，對黨政軍各機關人士訓示抗戰方針，第二次在省政府，對全市學生訓話，指示抗戰必勝的必然性；第三次在文藝劇場演講『全面戰爭與全面戰術，』尤以在文藝劇場的一幕爲最熱鬧。萬頭攢動，鴉雀無聲；微笑登台，掌聲雷起；這位率真的偉大的民族英雄，首先即予全民衆以美滿的印象、白將軍這回還是第一次來到福建，他對於福建的印象究竟怎樣呢？他覺得福建從混亂的割據局面中振拔出來，走上政權統一的軌道，很使人滿意。此次經閩北東行，危嶺高崖上盤旋的大道，也使他覺得交通建設的進步。不過他一路所見，大小城市，尤其是福州，一片太平氣象，頗為耐然。他猛作警語，昭示閩人：『不錯，我們要鎮靜，但是我們要準備！我們不怕敵人來，不怕敵人來佔領，我們不要恐慌，但是我們要有辦法！』又云：『鎮靜固好，只怕是敷衍苟安，事到臨頭張皇失措。』

福州人自抗戰以來，不知不覺養成這樣一種心理，以為敵人攻佔福州並不合算，只要我方不做抗戰工作，不刺激敵人，引起敵人的反感，就可以苟安下去。白將軍首先喝破這個迷夢，他說：『福建地位，眞是危險得很。既和台灣那麼相近，制海權在敵手，海岸線又太長，日艦朝發夕止，防不勝防，日軍取福州，如囊中取物，只是時間問題，諸君魚游沸鼎，不可再作安享太平的方法。』他要福州人認識敵人的野心，日人既要遂行大陸政策，鯨吞中國，決無所厚愛福建而不加以酷虐。他列舉所目睹的日軍暴行為證，勸閩人莫以生命為兒戲，要趕緊準備，一切資源向上游撤退，學校工廠也趕緊遷離城市，市民也全部向鄉村疏散。

他判斷敵人以前所以不攻佔福州，不樂佔福州或出於經濟的動機，他說：『敵人封鎖南中國的海岸，遺留下幾個海口來吐納貨物，無非想一面間接吸收我國輸出的種種原料，一面輸入偽裝的仇貨來換取我們的法幣。但是疲師久戰，對國內人民無法交待，對世界無法掩飾；以政略關係來攻佔福州以作交待，可能性是很大的。』他又說：『也許有敗類漢奸，和日方接洽，保留福州市面以作偽組織的活動根據地，我們更該認識日人的陰謀毒計，利用福建優勢的天然地理來保存物力與人力。』他要閩人用戰時心理來應付環境，『居安思危，安不忘危。』

在省黨部會場演講那一回，他曾列舉幾個事件來促進閩人的警覺。一，他在浦城，曾見有年輕的裹腳女子，這是民族的生理自殺，行政人員應當負責禁止。二，他在閩北一帶只看見男子做事；女子卻不做事，到了福州，又只見女子做事不見男子做事。這都是不合理的，男女應當共同工作，努力生產。三，他沿途經過，下午四時以後，郊外即無人工作，民衆未免太懶，「民生在勤，」應當糾正懶惰習慣。四，他會經目見閩北各地放火燒山，這是極壞的舉動，既妨害造林計劃，也妨害農村計劃。依桂省單行法，放火燒山必須處死刑，白將軍所說種切，針對着福州人士的苟安心理而言，他希望閩人趕快振作起來。

二 白將軍之戰局觀

二十日午刻，白將軍在口口的寓所延見記者，作一小時半的長談。所談關於軍事部分，遵囑暫不發表，其關於一般戰局的判斷，記者且概括地說一說。白將軍認為日軍散佈和平空氣，只是一種掩護新的進攻的烟幕彈，根本沒有誠意。汪精衞把近衞宣言當作和平談判的根據，明明是上當。從前陶德曼大使帶來那些空洞的條件，白將軍一開頭就說日方定有陰謀，決不可信；果然虛偽的和平談判，就繼之以軍事進攻。不過白將軍對於軍事前途非常樂觀，日方所能動員的兵力，以七十五個師團為極限，對我作戰已經調用過三十八個師團，現在還有三十三個師團在戰場上，我方每一個戰區都牽制了日軍一大部兵力，日軍已在深感應付的困難。日軍戰鬥能力的減低，各戰場普遍如此；襄河之戰，張自忠部隊以六千人的犧牲換取日人六七千的傷亡，打成一與一之比；武甯之役，日高級軍官聯隊長以上的死了好幾個，而且遺屍滿道，連後方勤務，也比從前差得遠。只要「拖」下去，日方決不能支持，非總崩潰不可。白將軍保證再打兩年，定可打勝仗。

記者進問：近來日軍作戰，戰術上有什麼改變沒有？白將軍謂日軍每一個師團有四個步兵聯隊，一個山野砲聯隊，一個重砲聯隊，一個工兵聯隊，一個騎兵聯隊，一個輜重兵聯隊，還有化學隊，戰車隊，軍火力比我們強，裝備比我們齊全，作戰時候，只要依照正規戰術，不必有什麼改變。在陣地戰中，先之以砲轟，繼之以戰車衝攻，再由步兵搜索前進，板定的戰術，也不必改變。我軍裝備不如人，火力也差得遠，卻不能不用革命的戰術來制勝。白將軍對於革命的戰術，說得很有興趣。他說：「辛亥革命那一回，僅僅那麼幾百個新軍，每個人只有一排子彈，有的連子彈都沒有，只能裝起刺刀來衝。那樣裝備，說得上什麼戰術，可是那一股革命的勇氣，犧牲的精神，就把張彪端激趕跑了，把革命工作做起來了。國民革命軍北伐之役，僅僅六萬五千人出發進攻；對面的敵軍，合計不下百萬人；以一當二十，又有什麼戰術可用呢？但是北伐出師以後，所向無敵，連最頑强的孫傳芳的部隊都全部擊潰了。那時的裝備也可笑得很，每個兵士至多只有三百顆子彈；槍枝又那麼不齊整，各種武器，幾乎應有盡有，記得德安戰後，子彈快用完了，前方向大本營來要子彈；我坦白地告訴他們：我們的後方勤務部在敵人那邊，打開南昌就有彈藥可以補充。這樣，也就把南昌打下了。現在我們和日人作戰，既是全面的戰爭，就得用全面的戰術。全面的戰術；即是一種革命的戰術，認清革命的任務，以革命的勇氣來遂行革命的戰術，不管敵情，不問地形，有一分勇氣即有一分成功。』白將軍認爲一個革命的戰士，認識得清楚，就會有勇氣去幹；有勇氣去幹，就能認識革命的任務；『胆』與『識』二字是相聯的。

記者又進問倘或世界大戰爆發，對於我國抗戰有什麼影響？白將軍判斷世界大戰暫時還不至爆發，除非德國眞的進攻波蘭羅馬尼亞，而波蘭能決意去抵抗。將軍又推測德國進攻波蘭，波蘭一定會抵抗的，因爲波蘭民族有堅强的意志。在世界大戰中，情勢於我有利，因爲『民主』和『法西』兩陣線，情勢已很分明，我方爲正義而戰，得道多助，民主陣線列强一定和我國攜手。

三、把福建變作山西式的戰場

白將軍在演講與談話中，幾次提到山西戰場所使用的全面戰術的成績。他說：『去年三月間，日軍由臨汾沿同蒲路將我晉軍向南壓迫，想在黃河邊上將我軍一網打盡，日軍發言人已預言將有驚人的戰果可以獲得。閻司令長官向大本營請示今後作戰方針，大本營即頒行不離戰區的命令，指示四個要點：一、化整爲零，以一個旅爲作戰單位；二、敵向南壓迫，我即向北（向太原五台山）撤退，即向日軍後方推進；三、當敵軍人員不准退過黃河，過河者軍法從事；四、儘量與民衆合作，眞正成爲民衆的武力。閻司令執行這個命令，成績非常之好；二十二個月之中，中條山太行山五台山一帶軍隊配合常民衆，和日軍不知周旋了多少回，牽制日軍十五萬以上的兵力，消耗日軍實力非常之大。日軍打不下山西，即不敢過河，山西對於華北，關係非常重大，我方使用全面戰術，即已保全了山西。』他又舉某師的事實爲證，某師被日方驅迫，退至黃河邊上，由參謀長電請准予渡河，大本營嚴令北進，渡河必殺。該師遂令北進，推進非常順利，還打了好幾個勝仗，直到現在，實力反而加强，白将軍因强調這個意思，對在座同志們說：『大家須知前進即是安全，後退即是死路！』

白將軍又從軍事地理來說福建環境，最適於全面戰術的使用，希望以山西爲標準，把福建變作山西式的戰場。他認定全面性的戰爭，必須軍隊與民衆澈底合作，他希望黨政當局，趕緊組織民衆，訓練民衆，使一千二百萬民衆眞正動員起來，他說：『軍隊如魚，民衆如水，魚離開了水就不能生存。民衆不組織，不訓練，並沒有力量；日軍若是來進攻福建，我們能運用一千二百萬民衆來對付他，他有什麼辦法？』

第七章 輿論與宣傳

第一節 何謂輿論

報紙的刊撰社論，其目的在指導社會的輿論；但是什麼叫做輿論（Public opinion）呢？這一個問題，各方面的見解，都不一致。例如政治學者的見解，姑以英國著名政論家白倈斯（James Bryce）為代表，他在其傑作美國政府（American Commonwealth）一書中，認為輿論就是一般人依據了社會所流行的觀念，信仰，和偏見，關於某一社會事件所發表意見，其中最有力而能壓倒他人的意見，這就是輿論。而心理學者的見解則不然，奥而波特（Allport）謂輿論就是個人意見的集合。至於社會學者的見解呢？愛爾華特（Ellwood）說輿論是一個團體對於一種情境的共同的合理判斷（Rational collective judgement），楊格（Kingball Young）則謂輿論就是公衆對於一般有關係事件的討論（Talking about something）。

歸納上述各家對於輿論的意見，不外乎下列各點：（一）輿論是個人意見的集合，也是社會公共的意見；所以輿論有社會的力量，有客觀的存在。（二）輿論是合理的判斷，也是情感的表現，所以有時合理也有時不合理。（三）輿論是多數人的意見，不過有時也為少數人所操縱。

所以我們對於輿論可下一定義，輿論是社會上多數人對於某一事件有效的公共意見。輿論的形成，在過程上有三種階級：（一）事實的發生，（二）問題的討論，大家發表意見；（三）意見趨於一致，就成爲有效的公共意見。不過輿論也有轉變的時候，究其原因，有由於重要領袖的發表意見而轉變的，也有由於重要事態的需要而轉變的，更有由於政府的意向而轉變的。

至於報紙和輿論的關係，也非常密切，報紙雖以指導輿論爲職責，但在輿論的形成上，有極大的貢獻。第一，刊佈消息，就是替社會提示問題；第二，刊撰社論，一方面固在指導輿論的方向，另方面也能歸納和固定民衆的情感，有時更能代表輿論，所以一般人常說報紙是民衆的喉舌；甚至也可以創造輿論，在文化水準落後的地方，尤爲重要。

第二節　宣傳的目標

宣傳（Propaganda or Publicity）的目標，一言以蔽之，在使社會上養成共同心理一致的趨向；換言之，就是用暗示的方法，改變一般人的意見或態度，而有意的把某一種意見信仰觀念態度傳佈社會，深入每一個人的心坎。蓋自十九世紀以來，一則以交通利器的發展，使人與人之間的接觸增多，而各人因地域種族等等的關係，各有偏見習慣；另則以文明突飛猛進，各種主義，思潮，均如雨後的春筍，如不以宣傳的方法來使社會上養成共同心理，則勢必陷於紊亂狀態，不獨人類文明的進步，將受阻力，而且整個的文物制度，也有總崩潰之虞。尤其在新舊制度交替的過渡時代格外覺到有宣傳的必要。

宣傳如何始能奏效？在無形之中，所提供的暗示，卽爲一般人所接受，而同情於你的主張呢？無疑的這一定要利用宣傳的心理。第一要利用社會上的感情作用，理智雖因人而異，但感情是共同的；所以宣傳一定利用社會上固有的情感，纔能獲得意外的成功。第二要利用社會上的潛意識作用，使宣傳格外容易爲一般人所能接受；例如回教教徒對於回教信條的信奉是天經地義的，如向回教徒宣傳某人違背信條，立卽就能引起羣衆對某人的反響。第三要利用創造的態度積極的控制輿論，例如孫中山先生的以三民主義來向國人宣傳，要國人一致接受。

至於宣傳的技術問題，我們也介紹幾位學者的辦法：

（一）繼續不斷的宣傳，不能一暴十寒；卽利用語言文字，作有系統而耐久的宣傳；因爲翻複能改變人類的心理狀態。

（二）極力避免辯論的機會，因爲有許多現象，經過一次辯論之後，就會引起許多問題。

（三）宣傳的內容力求明晰，使對方易於記憶與傳述。

（四）宣傳的內容，與對方的慾望，要有些關係。

（五）把宣傳的內容化爲教育兒童的教材，可獲得永久的結果。（以上見 Dunlop: Social Psychology）

（六）執行宣傳工作的人，應有謙恭的態度。

（七）宣傳者應時時轉移被宣傳者的注意點。

（以上爲 Folson 之意見）

（八）宣傳須有健全的組織，有了組織，才能持久，始能收效。（見 Lipsky: Man the Puppet）

最後談談宣傳的工具，實不一而足，有宣傳天才的人，隨時隨地可以宣傳：（1）報紙；（2）廣告；（3）雜誌；（4）電影；（5）無線電；（6）像片；（7）公開演講；（8）公開展覽；（9）書籍；（10）標語；（11）傳單；（12）教育；（13）結社。

第三節　國際宣傳

在現行國際關係之下，凡是一個民族或國家，欲光榮的生存於國際社會中，就該把她的獨立精神，民族的特質，文化的優點，充分向國際間宣揚，一則使各國對於她均有澈底的認識；另則藉此以聯絡各國人民的感情，而在學術上文化上發生極密切的聯繫；到了將來一旦有事，自己的獨立受到侵犯時，就可藉平時所得的友誼和好感，易於獲各國的同情。所以戰時國際宣傳固極重要，但是平時國際宣傳，更見重要。

平時國際宣傳的工具，除了國際無線電台的播音宣傳外，最重要的，還是國際通訊社。例如英國有路透社（Rueter News Agency），法國有哈瓦斯社（Havas News Agency），德國有海通社（Transocean News

Agency)，義大利有斯丹法尼通訊社(Stefani News Agency)，美國有美聯社(United Press)和合衆社(Associated Press)，蘇聯有塔斯社(Tass News Agency)，日本則有同盟社，我國也有中央通訊社。通訊社一方面把自己國內政治軍事的消息，分散到各國去使各國對於本國有深切而正確的認識；另一方面把各國的消息，傳到本國供給政府作爲對於各國的情報。

（一）中央通訊社——係在民國十六年成立，完全由中國國民黨中央黨部宣傳部主持，因主持不得其人，毫無成績之可言。至民國二十一年中央始加以改組，社長亦改由蕭同茲繼任，蕭氏就職後，力求改革，先確立中央社的宗旨：（一）中央通訊社雖爲中央黨部所設立，但總社社址不必設在黨部之內；（二）社務概由社長自由支配，組成一個全國化的通訊社；（三）言論政策應具有半獨立精神。同時對於全國通信網的計劃，也逐漸推行，初將全國劃分爲五區，設上海分社爲華東的樞紐，平津分社爲華北的總匯，漢口分社專管華中各省，香港分社專轄華南新聞，更於西安設一分社，以爲西北各省的總通訊社。至民國二十四年，又於江西南昌、四川成都重慶、貴州貴陽、廣東廣州各設分社，更於各地添設訪員，至此全國通訊網卽完全告成。

中央社在國際上因限於人力財力，尚未能在倫敦、華盛頓、莫斯科、巴黎、柏林、羅馬設立分社，作國際上的宣傳工作；不過在東京卻於民國二十五年設立分社，請當代日本問題專家陳博生主持一切，以日本的政情供給各報刊載，無不稱道陳氏的勞績。

今後中央社努力的方向有：（一）栽培記者人才；尤其在抗戰期間，中央社分派在各戰場的記者，頗感才力不足以應付；（二）擴充範圍，在各國首都均應設分社，努力國際宣傳。如果各友邦的通訊社路透社哈瓦斯社美聯社合衆社，不替我國在國際上宣傳，各國對於中國的觀念，決不會如此良好的。

（二）路透社——它是英國的半官通訊社，總社設在倫敦，通訊網遍及全世界，規模之大以及其所發出消息的正確可靠，爲各國通訊社所不及。各國報紙也特別信任它，遇到它的新聞稿，都是樂於採用的。

路透社也有着很悠久的歷史，最先創辦人路透（P. J. Rueter），並不是英國人而是世居於德國的猶太人，在銀行界服務，對於商情行市，特別有興趣，因此他便在一八四九年籌備組織商業通訊社。至一八五一年，路透在德感到政治上的壓迫，乃將其經營的商業通訊社遷到倫敦去，繼續以匯兌公債行市等商業新聞，供給倫敦各大報採用，經過路透的幾年慘淡經營的結果，因其消息正確，頗得倫敦各報的信任和歡迎。一八五八年法國拿破崙第三援助加富爾統一義大利，乃與奧國開戰，路透乃藉此良機，大肆活動，從法奧方面採得獨特的戰爭消息，引起英倫各報的詫異。一八六一年美國發生南北戰爭，大西洋海底電線不通，英國無法獲得南北戰爭的消息，而路透異想天開，將戰爭消息托郵船帶到歐洲海岸，用急電拍發到倫敦，各報接到戰訊，無不欽佩路透的才幹。一八七〇年普法戰爭，色丹一役，拿破崙第三被普軍所執的消息，也是路透首先傳到英倫。從此路透社在英國社會上的信譽，蒸蒸日上，奠定了鞏固的基礎。一八六五年，路透社乃改爲股份有限公司，各界紛紛投資，資本總額爲二十萬鎊。消息網逐漸推廣到全世界，每月收入的稿費，也自一百二十鎊激增至一千餘鎊；同時英國女皇維多利亞，也特許路透社在英國享受權利，路透社從此也就英國化了。同時它的通訊事業，也隨着大英帝國的發展而擴大了。它不但在歐陸各國美洲非洲各地設立分社，而且其勢力也伸展到遠東來了，在上海和東京也有了它的分社。

一八九九年路透積勞成病去世，由其子哈勃脫（Habert）繼任路透社經理，他一則生長在英國，另則是研究國際問題的專家，主持路透社更爲適宜，社務在他的主持之下，也益見發達和完善。一九一五年因故自殺，後主持無人，乃以五十五萬鎊讓與英人瓊斯爵士（Sir. Raderic Jon s）從此路透社便完全變爲英國的通訊社了。

我國報紙所刊載的國際新聞，大半由路透社供給，我國的消息，也大半由路透社傳到歐美。在抗戰期內，路透社爲我國作國際宣傳，實在出了不少的力。

（三）哈瓦斯社——它不僅是法國國內的一大通訊社，而且在國際上也是負有盛譽的通訊社，僅次於英國的路透社。它的通訊網密布全世界，在重要都會均有哈瓦斯社的分社，所派出去的訪員更是散遍了世界的各處。它的內部組織，一方面拿各地發生的新聞，供給法國報紙刊載；他方面復把法國的消息，供給各國報紙選登，尤其對於法國利益有關的事情，報道得特別詳盡，並常以法政府及各政黨重要人物發表的宣言或談話，一字不漏地報道給各國報紙，爲法國政府進行國際宣傳；所以從哈瓦斯的電文中也可以看到法國政府的立場和態度。

哈瓦斯社是卻爾斯哈瓦斯（Charles Havas）創辦的，一八三五年組織成立，設總社於巴黎盧梭街。起初規模甚小，業務也限於翻譯，把英、德、西班牙、義大利、俄國等各國報紙譯成法文，分送給各報刊載。可是到了一八四〇年，有一位從德國逃來法國的記者加入哈瓦斯社工作，因此內部澈底改組，擴充業務，利用信鴿傳遞消息。從倫敦起飛十小時即可到巴黎；不久電報也發明了，新聞傳遞更加迅速，從此哈瓦斯社的業務也就日見發達了。至哈瓦斯本人死後，他的兒子奧格斯哈瓦斯 (August Havas) 繼承父業，着意改革，一八五六年，哈瓦斯社與布歐 (Bullier) 廣告通訊社合併，從此哈瓦斯通訊社，不僅以新聞供給各報，而且兼營廣告生意了。一八七三年李貝 (Leabey) 繼任總經理，再加以改革，擴充業務，並以專稿出售各報，凡特稿通訊、文藝作品，均訂有稿費價格，各報均可向該社買稿，誰都知道法國人民對於文藝均有特殊的興趣，所以哈瓦斯社的業務，自此益見發達了。可是到了一八七九年，哈瓦斯社卻給歐朗曾 (Baron d' Erlanger) 收買過去，改爲股份有限公司了。最初資本祇有八百五十萬法郎，後來逐年增加，至一九三〇年竟達一萬零五百萬法郎，由此可知哈瓦斯社業務的發達了。

哈瓦斯社在法國的新聞界，實居於操縱的地位：不但包辦了三百多家的地方報紙，所有的新聞、廣告、特稿，均由哈瓦斯社供給；就是在巴黎的四大報紙，如日報 (Le Journal)，小日報 (Le Petit Journal)，民友報 (L'ami du Peuple) 等，也受它的支配。這是哈瓦斯社在法國的特有的勢力。

至於哈瓦斯社到中國來設立分社，是在一九三一年「九一八」以後，當時遠東風雲緊急，爲全世界的視線集中的焦點，哈瓦斯社乃將其新聞勢力伸展到遠東來，首先在上海設立分社，進與路透社展開劇烈的新聞戰，因此我們在上海的報紙上，常看到這兩家通訊社所發表的矛盾消息。

（四）美聯社——是美國各大報聯合組成的通訊社，創立在一八四八年，那時紐約也祇有六七家報館，到了一八九三年，始擴大組織，奠定了今日美聯社的基礎。美聯社最大的特色，並不像路透社哈瓦斯社等專以營利為目的，而它是一個非營利的機關。美聯社的章程第一條就規定『本社以互惠及合作的方式，搜集並交換各項消息，供給各社員以材料，求經濟與效率的增進，而不許有任何營利的行為。』曾任該社社長的諾埃斯（Noyes）也說過『美聯社的態度，專為各社員服務，既無政治色彩，亦無地域派別宗教的不同。我們真正的目的，在以最經濟的方法，供給各社員以最真實的消息，而不抹殺大衆的利益。』

現在美聯社有社員一千三百家報館，該社組織即以此一千三百家報館所構成的社員大會為最高權力機關，每年舉行一次年會，選舉董事十五人組織董事會，董事會主席就是該社的社長。經理則由董事會聘請，掌有一切事務的大權。每年的經費支出大概在一千萬美金左右，由各報館以力量的大小分別擔任。

美聯社沒有政治色彩，固然是它的優點，但是偏重黃色新聞，迎合一般讀者的心理，也是它的一大缺陷。

美國除美聯社外，還有一個合衆社（United Press），為美國報業鉅子史克里浦斯（W. Scripps）所創辦，在美國也有極大的勢力。美聯社與合衆社在遠東，雖然也非常活動，得有相當的勢力，不過美聯社在上海，未設分社，所發出的稿子，托國民社代發，因此翻譯欠善，錯誤百出，未能為各報館所歡迎。不過美聯社為與路透社競爭起見，在七七全面抗戰爆發後，也派發國內電訊，這種努力，固堪欽佩，但終不及路透電的可靠。不過中國的對幾宣傳，是替這兩個通訊社的助力不少。

（五）塔斯社——它是蘇聯政府的官方通訊社，它的目標完全在以新聞供給國內各報刊載，在歐洲各國的重要城市都有它的特派記者；不過對外發稿以其本國的消息為限。所以我們在上海的報紙上很少看到塔斯社的電報；有一般保守的編輯根本就不用它的稿子。我們希望塔斯社能擴大組織進與別的通訊社競爭。

（六）海通社——德國有二大通訊社，一為德意志通訊社，是在一九三四年一月一日由華爾夫通訊社（Wolff News Agency）與聯合新聞社（Telegram Union）合併而成的；另為海通社（Transocean News Agency），他是大西洋通訊社（Trans-Atlantic Bureau）的化身。自希特勒上台後，這兩個通訊社，都受到國社黨宣傳部的統制，德意志通訊社專司國內新聞的供給，而海通社則執行其向海外宣傳的任務。海通社在上海也有分社，稿子由國民社代送，因其內容為德國宣傳，除同情法西斯主義的編輯外，別的報紙都不願常常採登它的新聞的。

（七）斯丹法尼社——它是義大利的半官通訊社，專司宣傳法西斯主義，在上海沒有分社。但自德義日三國反共公約成立後，斯丹法尼社曾一度主張三國通訊社合作。凡自羅馬傳到日本和德國的電報，都稱為斯丹法尼電；自東京傳至羅馬的電報，都稱為同盟電。所以我們在日本的報紙上，也常看到斯丹法尼社的電訊。

（八）同盟社——它是日本唯一的官方宣傳機關，它不但要向國際宣傳，而且還要向國內民衆宣傳，以宣傳為第一的通訊社所發出的消息，如何能希望它正確呢？它是在一九三六年由聯合新聞社和電通社合併而成的。所以同盟社在一九三六年，就成了日本的唯一通訊社，從此卽始終輪流在各個不同的大臣的手掌之中。偶然也有兩個大臣合作着去管理，像在東京柏林反共協定簽字之後，陸軍省和外務省便需要來一個『攜手』。可是在旁的時候，它們總是處於敵對地位的。

目前，同盟社受一百九十四家日本新聞紙，日本廣播會社，和外務省聯合供給經費。它的組織是取法於美聯社，不過在管理方面每個社員的授予權並不一律，『東京日日新聞』『大阪每日新聞』和『亞洲聯合新聞』對於同盟社有絕大的經濟權，也都享有獨特的有力的發言權。日本廣播會社所播送的日語和外國語的廣播新聞，經常以該社通訊作爲根據，該廣播社會付出一筆絕大的代價報酬是保留一個操縱的重要權柄。最後，外務省又捐助同盟社以一筆不公布的款子。這筆款子並不在資產負債表出現，而官員們也常常有意無意地否認這筆款子的存在。

第八章　戰時新聞

第一節　我國戰時新聞政策

現代國際戰爭的勝敗，不能單單依靠士兵的角逐於戰場，而是要取決於雙方人力物力智力的強弱。前次世界大戰，德國的失敗，誰都知道，並不敗於軍事而敗於別的方面。誠如德國宣傳部長戈培爾博士(Dr. Goebbel)所謂『德國在上次世界大戰中，祇顧到軍事的力量，而忽略了國際宣傳；如果那時能像今日這樣重視宣傳，那末就可深信不致於失敗了。』由此可知戰時新聞的重要了。

所謂戰時新聞，實負有兩重使命，一為對內的宣傳報道有利的新聞，激勵前方將士的鬥志，增強後方民衆對抗戰必勝的信念；揭破敵人的陰謀，暴露敵人屠殺、濫炸、搶劫、姦淫的暴行；並隨時消除國內妥協派的謠言陰謀以及一切挑撥離間的詭計。另為對外的宣傳，向國際宣揚本國實為全人類的文明而戰，將戰爭的責任完全歸諸敵國，以博得國際上的同情與援助，所以戰時新聞是非常重要的。尤其在這次抗戰中，中國新聞界應作特殊的努力。中國的軍事實力雖不及日本，但在戰略上中國採取的長期消耗戰，使敵人陷於泥沼之中，永不能自拔；但是中國要取得最後勝利，更非靠全國人民上下一心一德，含辛茹苦，咬緊牙關，抗戰到底不可。所以新聞宣傳工作，對於中國抗戰更顯出非常重大的作用，藉新聞輿論，以堅定抗戰必勝建國必成的信念，鼓舞軍民抗戰的勇氣，打擊敗北主義的傾向。所以到了民國二十七年十一月二日國民參政會召開第二次大會時，就有參政員胡景伊等二十一人提出「擁護抗戰建國綱領，確立戰時新聞政策促進新聞事業發展」的議案，內容極佳且極需要，旋爲大會所通過，茲將原提案內容抄錄如下：

（一）確立新聞報道原則（以抗戰建國綱領爲標準，制定新聞報道綱目。）

（1）軍事方面，應注重於加強抗戰必勝的信念和戰局發展的正確認識；同時對於新軍的建立，軍隊的政治工作，及訓練壯丁，動員民衆，予以積極報道和推動。

（2）政治方面，應注重於鞏固全國團結，堅持抗戰到底的既定國策，促成政治機構的調整，施政方針的改進，以便配合抗戰的需要。

（3）賑濟建設方面，應注重於財政經濟之調整，與生產建設之進行。

（4）外交及國際方面，應注重於我們獨立自主的外交政策之實施，以促進國際間對我們的友誼和援助。

（5）教育及民衆運動方面，應注重於戰時教育之實施及民衆運動之開展。

（二）調整新聞宣傳機構辦法：

（1）改善新聞檢查制度，使不僅實施消極的檢查工作，更應推行積極的指導任務。

（2）統一全國新聞檢查機關，新聞檢查所應由全國新聞管理機關統籌支配，務使政府之確立方針，不受任何地方關係之限制。

（3）新聞檢查人員之任用，應由全國新聞管理機關統籌支配，其資格必須有從事新聞事業三年以上之歷史，並得正式新聞機關證明，確有新聞事業三年以上學識經驗者爲合格。

（4）新聞檢查機關，應隨時召集當地報紙編輯人，參加談話，共同商討各種新聞上之有關問題及法令等，以收切實領導之功效，並接受報社貢獻之意見。

（5）制定新聞檢查人員之獎懲辦法，如新聞檢查人員違反確定「報道原則」而濫施職權時，應予以嚴厲之懲處，以杜流弊，而保障合法之輿論。

（6）擴充全國新聞事業。

（7）加強國際宣傳力量。

三）增進新聞記者工作效能辦法：

（1）提高新聞記者之技能，由政府設立之戰時新聞記者訓練班，分別定期召集全國新聞記者，實施軍事政治等各種訓練。

（2）充實新聞記者之學識，在政府當局補助之下，由新聞界組合，或由新聞學術團體，辦理戰時記者訓練班。

（3）政府對於新聞記者，應予特別優待，通令公務機關，軍事當局，對於新聞記者之工作，盡量予以幫助，並准受交通上最大之便利。

（4）對於新聞郵電，政府通令各軍事當局，對於持有證明文件之新聞記者，得予軍事郵電遞送之便利。

這種戰時新聞政策，無疑的，不但可以配合抗戰的需要，而且足為一般的準則。

第二節　戰時新聞的採訪

戰時新聞的採訪，也可以分做前線和後方兩種。前線為戰事已經發生的地方，也就是雙方炮火所及的陣地。在新聞採訪上，雖極危險和困難，但為獲得正確的新鮮的戰訊起見，在槍林彈雨之下，冒極大的危險去採訪戰訊，仍極必要的；所謂後方，就是主要的軍事機關所在地點，前線軍事上有何變動，在軍事機關終是首先知道的。所以不上前線採訪戰訊，在後方軍事機關，也可獲得同樣的戰訊。所以我們認為前線和後方的採訪工作，是不能偏重的。

在現代立體戰爭的情勢，雖然沒有前線和後方之分，說不定後方往往為敵機轟炸的目標，常受到空中轟擊。不過從大體上說來，到前線去採訪戰訊，其危險的成分以及所遭遇到的困難，終比後方為大。所以到前線去活動，採訪戰訊，決不是普通新聞採訪記者所能勝任愉快的；換言之，即戰地記者應有其必備的條件。

第一，應有犧牲決心——赴前線採訪新聞，既然要冒極大的危險，出入於生死之間，如果沒有犧牲的決心，就要畏縮不前，即免強到了前線，也難於表現出戰地新聞記者活躍的態度，而不能獲得良好的結果。至於犧牲決心，一半是先天的，對於任何事業，均具有犧牲的決心；另一半是後天的，即對於某一事件，有了深切的認識之後，自會有「義之所在，雖赴湯蹈火，亦所不懼」的精神。例如這次中日戰爭，凡是中國的兒女，都應以其一切獻給國家，個個都是抗戰中的一個鬥士，應有爲祖國的生存而犧牲的精神。如有深明大義的新聞記者，既以未能直接參加抗戰，爲一件遺憾的事；對於赴前線採訪戰訊冒一點險，也就算不得什麼一回事了。即使不幸爲敵人的炮火所中，爲國犧牲，也是一件光榮的事情。所以戰地記者的第一個條件，就是有犧牲的決心，也就是要有捨身取義的精神。

第二，應有結實的體格——到前線去採訪戰訊，除了上述的條件外，頂重要的，要有結實的體格。因爲在前線，不但隨時隨地要受到死神的威脅，而且一切生活，都和後方的情形完全相反。例如飲食沒有一定的時候，工作不分晝夜，風雨寒熱的侵襲，以及傳染病菌的漫延，如果沒有堅結的體格，極強烈的抵抗力，那末隨時有病倒的危險，還能談到採訪戰訊的工作嗎？

第三，要有正確的認識——戰地採訪記者在報端發表的文字，當爲一般讀者所特別重視。因此文中的記載，影響及讀者對於戰局的認識至大；所以戰地記者本人對於戰局首先就應有正確的認識，例如這次中日戰爭，在軍事實力上，日本優於中國，凡爲日軍主力所在，我軍實難予以遏制其前進；故常有陣地的後移。但一城一邑之得失，能影響及整個戰局的極為微渺，因為中國抗戰的戰略，根本上就是採取的長期消耗戰，極力避免主力戰，至索取敵人相當的代價後，便作自動的撤退，保全實力，轉移到新的陣地上，繼續作戰，消耗敵人的實力。所以戰地記者遇到我軍後退的時候，即應在文字內詳加闡明，以使讀者勿因失敗而氣餒。同時為充實戰地新聞內容計，記者應有豐富的軍事常識，地理知識，以及各軍事長官的歷史。此外在寫作上，也應有特殊的技巧，除分發電稿與報館而外，並應寫成詳細的戰地通訊，把戰場上許多可歌可泣的壯烈犧牲的事蹟，用熱烈動人的文筆，寫成充滿血淚的通訊，以激勵軍民的士氣。目前寫戰地通訊的，以大公報的范長江，徐盈，新華日報的陸詒，中央通訊社的曹聚仁等最為成功。茲抄錄曹聚仁的贛北會戰於後，以為學者的參考。

惡性瘧疾

去年十一月以後，長江沿岸的日軍，滯阻不能前進；修河北岸日軍與華軍隔岸對峙，在休戰狀態中過了四個月。隨後就有一部份抱苟安心理的人作日軍決不敢再進的幻想，不僅金華，屯溪，浮梁的人士如此說法，即南昌人士也如此說法。南昌突然陷落這件事，別的方面影響還不大；對於那些作虛幻想望的，真有深切的幻滅之感。

去年冬天，日軍正可以直攫南昌，為什麼遲留不進呢？今年春天，晴空明朗，怎麼風雲陡轉突然陷落了呢？這二問題仔細推尋，或可一併作答。軍界友朋，每稱南昌為惡性瘧疾的城市，因為在去年秋間，惡性瘧疾流行，人多不免；南昌的安危，一陣熱，一陣冷，反復無定，類似發瘧。這寒熱的潮浪來蹤去跡頗有迴溯的價值。

前年秋間，南昌為策應東戰場的軍實供輸所，日機轟炸，市民惶懼躲避，市面一時衰落，十月以後，市面逐漸恢復，直到南京陷落，又有短期間的混亂。十二月中旬，日軍進迫甯國河瀝溪那一天，華軍一部分潰退至祁門，風傳到贛，上下都有點張皇失措。到去年一月，戰局重心移至津浦線，南昌又隨着江南戰場的安定而繁榮起來，三四五三個月，百業復蘇，市民紛紛歸城，茶樓酒館擁擠不堪。六月間，長江南岸戰事轉緊，日軍沿江西進，馬當之險一失，鄱陽湖東北岸名城迭陷，南昌又轉入恐慌狀態，尤以九江陷落前後最爲緊急，常一夕數驚。八月間日軍西攻瑞昌線，南潯線又轉鬆弛，南昌市面也恢復常態，後來德安陷落，並沒重大影響。九十兩月安閒渡過，情形比前年冬天還好得多。直到武漢陷落，岳陽失守，長沙又大火，這才開始全部撤退，入於最恐慌時期。不料一到十二月，又轉安定，市面也相當恢復，居然熙熙攘攘，過了舊曆的新正。到了上月下旬，竟發了這一場大寒熱，南昌才陷到了末運。大體說來，以往南昌的安危，完全和東戰場的張弛保持密切連繫，東戰場安定時，即南潯線上有軍事行動，也沒有直接影響的。此番南昌突然陷落，從日人那一方面說也還是一種對於東戰場軍事動作的反應姿態。因爲華軍對於東戰場的行動，二月間漸已顯明；日軍知道空洞恫嚇不足以變更華方的決意，乃發動南潯線的軍事來積極反應，當攻陷南昌即爲其戰果，可是攻陷南昌仍不足以變更華方的決意，近日日軍的舉措，的確有點手忙腳亂了。

不過南昌陷落的遲早於局部戰事雖無重大關係，於整個戰局却關係很大。南昌若陷落於彭澤戰後，或於岳陽戰後，都足以決定粵漢線的命運，若陷落於德安戰後，又會改變武漢會戰的情勢，兩相比較，這一回的陷落，最有利於華方，因爲華軍的喘息已舒，有足够的力量來作全面的反攻了。軍事當局把南昌陷落看作新決戰的序幕，眞是一個十分眞實的判斷。

再試一回

華軍策劃全面反攻，始於一月底邊；吉安會議，桂林會議以後，大體計劃已經確定。本來在華方整軍的期間並不想有積極的軍事動作，可是日方趁此間隙抽調大量兵力，加重西北壓迫，華方已非加緊反攻，不能發生牽制作用，因有二月間的分頭進兵。進兵的方向，共分四路：一路向湘北，一路向鄂中，一路向蘇南，一路向廣東，各路雖不必定作戰略的反攻，至少有政略反攻的作用日人大約於二月底遂看明白了我們的意向，也作三個方向的反應。一路向蘇北，一路向鄂南，一路向南潯線，而以戰略的利便，以猛勢直攻南昌。華方以運輸困難，總反攻局面發動於日人動作之前，其成果反在日軍事獲得戰果之後。日方只費了一個月的調遣，就可開始動作，華方却整整地化了兩個多月。所幸發動以後的成績比以前好得多，這是由被動轉爲主動的歷鍊。

記者前天在鄱陽湖岸上和C參謀閒談探問放棄南昌的因由。他說「中國和日本的戰事，只有八一三開始那十天，才算得眞正的主動攻擊，其餘那只能算作「夜戰」。因爲那十天間，我軍的輸送，比日軍迅速三分之一，我軍的火力還可以壓倒日軍其後每個戰役，只有日軍進攻南京的路向很明白，我們可以靜待迎擊，可是那時我軍已疲憊不堪，無力迎擊。徐州戰役以後我軍只能待機夜戰，開場時不能不吃一點虧」何謂待機應戰？據C參謀說：「即如最近南昌戰役，我們不能單在事後來責備南昌防務的疏懈，南昌的防務若緊密，日軍縱然可以運用全力向鄂中發展，襲取襄樊一線，也可以突攻長沙，或向常德方面發展，而且我軍有事於太湖沿岸，日軍可以由皖南進兵，由灣沚青陽進迫宣城，即鄱陽湖東北岸的防務，亦深可注意，萬一浮梁失去，其性質比南昌更嚴重。日軍在長江水面上調遣往來，少則十日多則半月，即可行動，我軍若膠守一點，反易被其所乘。我軍主力，限於實際情形，只能集中某些地方靜待發展，此之謂待機。「待機」所以開場一定很吃下一虧，去年，武漢會戰，在九江失守以前情勢很糟，九江失守以後，我軍才判明日軍的意向。其時日軍估了重要據點不能不作據守的打算了，這樣我軍的主力，也可決定移動的方向了。後來日軍南潯線的持久消耗，以及黃梅廣濟綫的不能迅速發展，即是應戰的成果。此番南昌陷落，和去年九江陷落，情形相同，我們應該承認司令的說話，南昌陷落以後，才可以決定我軍使用主力的意向。」

日軍發動兩個半師團的實力，來試作贛北的攻擊戰，可說是最冒險的動作。這種冒險動作，這回是第三回，第一回試於魯南，已經失敗了，第二回試用於廣州。雖不十分失敗，也沒有什麼進展，此番再試用於南昌，成敗還不可知，不過日人要說南昌這一個據點已經被他穩佔了，那還太早一點，南昌的命運，尚待決於今後一個月內左翼的決戰，——以往的歷史告訴我們，戰略上決無上高、高安、清江、樟樹未得而可守南昌之理。

贛北戰事的三個段落

二月下旬，皖南我軍向蘇南邁步前進，友人M君，於送戰士遠征的歸途和記者談及日軍的反應，他說：「日軍定有很迅速的反應，我所担慮的日軍若從灣沚進兵，襲我宣城後路，大爲可慮。其時我軍指揮日人早算到這一着的，且據日方情報，蕪湖灣沚之間，日兵增加了不久，頗有反應的模樣。我軍爲準備這方面的反應，也曾將皖南左翼部隊積極推進，作作攻姿態。可是日方的反應並不在皖南，乃在鄱陽湖的東岸，三月中旬遂有都昌大磯山戰役。三月十二日到十八日那一星期，我軍力堵日軍的東竄，至十七日晚間奪囘大磯山告一段落。保都昌，即所以保浮梁，亦即鞏固皖南的後路。堵截的作用非常重大，三月十八以後，日軍分一路進攻南昌，一路由吳就登陸，（此路發動最早）作猛攻姿態，其主力分由永修（張公渡）武寧（箬溪）渡江，對我左翼作迂迴包抄戰，其間有灘溪之戰，安義之戰，奉新之戰，萬壽宮之戰，生米之戰，皆以保衞南昌爲目標，尤以灘溪之戰，生米之戰爲最猛烈，前仆後繼，日聯隊長以下，官兵死傷四千餘人，所索代價甚大，二十六晚，生米不保，遂入於南昌街市戰，直至二十八晚間，我軍由南昌東引，全城陷落，此爲第二段落。

「三月二十六日起我軍即開始第三段落的戰事，盡量將左翼加強，對日軍作側面壓迫，最近半個月的軍事，即繼續加強此側面壓迫的力量。日軍於南昌未攻陷前，曾試向我軍右翼作迂迴包抄，前哨衝至梁家渡口，二十八日，我軍既自南昌引退。日軍即感到側面壓迫的力量，乃以主力衝祥符觀進迫高安，又以另一主力由武寧向修水，限制我軍的左翼延伸。上月之尾，日我主客互易，變成了日受攻而我主攻。我羅總司令固守豐城，生米之日受脅，湯總司令的部隊大規模左翼展開，高安，奉新，安義之日也受壓迫，第×戰區的精兵，分由浙東皖南馳援，右翼日兵也受重大壓迫，因有近一星期來大城高安慰的事實。贛北日軍迄記者發稿時止，並不曾增加[illegible]援軍，我軍的側面戰，追定可發揮絕大力量。

「我軍既吸引三個師團的兵力在贛北，此於蘇南，粵南鄂中湘北的反攻極爲有利，當南昌危急之日，正我軍反攻部隊到達前線之時，反攻的發動雖稍遲，情勢卻是很好，近五日間東南西北一片捷報，正沖淡了南昌陷落的軍事暗影，而且倭人致命傷仍在贛北，贛北一旦失利，江南戰場必有一番新耳目，我軍所演奏的政治性的反攻，或者可叫世界的動聽呢，此是後話不必先吹，且待下回分解。」

記者執筆作稿時，忽接某方情報，謂浙東華軍就近亦有積極動作，滬杭線上我軍之活躍，不下於京滬線上的我軍，軍士用命大江沸騰，記者相信大江以南定有幾處城池可以重睹天日，待之待之。（轉載香港星島日報）

一般人士均推英國泰晤士報（Times）記者羅塞爾（Sir W. H. Russell）爲戰地記者的泰斗，他在一八五四年的克里米亞戰爭（Crimean war of 1854）中，把英軍指揮的缺點，撰成通訊在泰晤士報發表，引起朝野的驚奇，乃力謀改革而告成功。當時作戰的將士均稱羅氏爲「軍隊之友」，我們雖不敢期望每一個戰地記者，都能有羅塞爾的成功，但做一個戰地記者，至少要能報道正確的戰訊。如何始能採訪到正確的戰訊呢？茲將每一個戰地記者，應注意的幾點，分述如下：

（1）多認識軍官——赴前線採訪戰訊之前，最好能請朋友介紹認識前線各軍官，他們一定給你許多助力，使你採訪新聞格外便利。

（2）攜帶詳細地圖——到某戰區去，應攜有該戰區的詳細地圖，一則往返便利，另則易於明瞭戰況的一般，萬一陣地移動，也知道其中的原因。

（3）嚴守軍事祕密——軍事上最重要的計劃與佈置，應嚴守祕密，切不可宣佈於外，否則無異做了敵人的間諜工作，尤其對於軍事長官所囑托嚴守祕密的消息，不可有一字洩漏在外。對於軍中的許多禁令，更要謹愼遵守。

（4）熟記口令——黑夜在戰場上奔馳活動，當須熟記口令，否則就要遇到許多盤詢和檢查通行證的麻煩，而躭誤了許多時間。

（5）多寫通訊——冒了極大的危險，採訪戰地新聞，所得到的新聞，都是極珍貴的材料，除了發電外，還得一一筆之於文，寫成戰地通訊，寄往報館發表，以增加讀者的興趣。

（6）多帶旅費——赴戰地採訪，一則因戰地百物昂貴，另則接濟困難，所以旅費以多帶爲宜，以準備意外事件發生。

（7）慰勞前方士兵——記者赴戰地，除採訪戰訊，還可以有一種副作用，就是代表輿論界，慰勞前方的將士，鼓勵他們作戰的勇氣；遇見軍事長官，並應以別區的戰況報告；對於受傷的士兵，更應抱同情的態度，在可能範圍，予以相當的援助。

（8）偵探敵人的陰謀——在前線採訪戰訊，還可做一種最有意義的工作，就是偵探敵人的陰謀與企圖，隨時報告軍事當局，以爲事前的準備；遇到敵人施用毒氣，更要促進當局的注意與準備。對於敵人的暴行，更有在通訊中盡量暴露的必要，以作國際宣傳的資料。

第三節　戰時國際宣傳

國際宣傳在平時既極重要，在戰時更見重要；在兩次世界大戰中各國宣傳戰的劇烈，就是證明。我國平時對於國際宣傳素不注重，各國對於中國均缺乏正確的認識，甚至法國的外交部長白里安（Briand）在九一八事件發生，中國向國聯提出申訴時，也說「中國是無組織的國家。」這固然是受了我們的敵人惡意宣傳的結果，但我們不能不承認自己在國際上宣傳的不夠。在戰時國際宣傳的重要幾爲決定戰爭勝敗的重要因素之一。我們姑以前次歐戰而論，我們可以說，協約國的勝利，得力於英法的國際宣傳，一方面向世界揭破德國企圖征服全世界的野心，另一方面把戰爭的責任完全歸之於德國。說英法的參戰實「爲生存而戰，爲正義而戰，爲公理而戰，爲和平而戰。」因此博得中立國的同情與援助，尤其是美國的參戰。所以協約國的獲勝，實賴其國際宣傳的成功，使敵人在外交陷於孤立的困境，而造成本身的優勢，反之，在德國方面，迷信武力萬能主義，不在國際作有力的宣傳，反而在美洲鼓動拉丁美洲各國起來反抗美國，使中立的美國也感到德國的威脅，因此也祇有挺身而出，放棄了中立政策，而站在英法方面作戰了。

是以戰時的國際宣傳，其目標有下列諸端：

一、招致與國，博得國際上的同情，使中立國成爲我國的與國，使視敵國化爲中立國；

二、防制敵人在國際上的反宣傳，隨時設法消除反宣傳的影響；

三、向敵國宣傳，動搖敵國國內的人心。

至於應採取的方式，如以中日戰爭而論，則有下列的幾項：

（一）向國際宣傳中日戰爭是由日本侵略中國而引起，中國的抗戰，是為生存而戰，為反侵略而戰，為世界和平而戰；換言之，即以戰爭的責任完全歸之於日本；

（二）詳細報道敵人在淪陷區摧毀各國在華的權益，促起各國的注意，為保衛自身的權益而敵視日本；

（三）盡量暴露敵人在戰爭中燒殺、濫炸、姦淫等慘無人道的暴行，以博得國際人士同情中國無辜平民，而激起對日本的憤怒，自動實行抵制日貨；

（四）向各國宣示中國上下抗戰到底的決心，及前途樂觀的因素；同時並將可歌可泣的悲壯故事寫成文藝性質的作品，分別在外國報章雜誌上發表，使讀者對於中國抗戰均有深刻的印象；

（五）向國際暴露敵國國內的破綻和弱點，使外人相信日本終難長此苦撐下去；

（六）向國際宣傳中國所需要的援助，是財政的軍火的接濟；

（七）歡迎外國記者到中國遊覽，將抗戰的實情告訴給他們，使他們明瞭戰局的內情，隨時發出有利於我國的新聞；

（八）敵人如在國際上，作不利於中國的宣傳，我國應立即設法揭破他們的陰謀，而修正各國對於中國的觀念。

戰時國際宣傳能否收效？當要靠戰時宣傳機關的組織健全。前次世界大戰中英法國際宣傳的成功，決非偶然的。尤其是英國的宣傳機構。當時英國的戰時聯合內閣總理路易喬治（Lloyd George），亦深知國際宣傳的重要，即請英國的報業大王，每日郵報（Daily Mail）與泰晤士報主人北巖爵士(Lord North-Cliff)，為宣傳部長，主持戰時國際宣傳的事務，並另設國際宣傳顧問委員會，英國報業聯合會主席會漢爵士(Lord Burnham)，每日新事報（News Chronicle）主人唐納爾(R. Donald)，以及曼卻斯脫導報（Manchester Guiding）主筆斯各脫(C. P. Scott)等新聞界的鉅子，都羅致在內。此外北巖爵士又請斯都華(Campbell Stuart)為副部長，襄助其事。北巖爵士上臺後第一聲就派遣泰晤士報的國際新聞主筆斯梯特（William Steed)到中歐去活動，遊說在哈布斯堡皇朝（Hapsburg Dynasty）統治下的南斯拉夫（Yugoslavik），捷克(Czeck)與義大利成立同盟關係，及至義大利脫離同盟國，這些民族都參加在協約國方面作戰了。其次北巖又在荷蘭、瑞士、義大利，設立特別機關，專門作種種的活動，甚至派遣飛機到奧匈境內去散發印成四國語言的宣傳品，煽動被壓迫的人民出來叛變。英國對美宣傳，北巖爵士尤為重視，認為美國的地位舉足輕重，她參加在那一方面作戰，勝利就屬於那一方。所以北巖親自到美國去宣傳。一九一八年二月內閣又任命皮浮勃洛克爵士（Lord Beaverbrook）為情報主任。北巖在美宣傳成功後，即匆匆由美返國，仍任原職，與皮浮勃洛克兩人，直接隸屬於內閣，後鑒於事權的不統一，乃正式組成宣傳委員會，北巖爵士任為委員長，內部分為本國帝國、中立國、協約國、敵國五大組，各組均有專門人才負責。

至於日本的戰時宣傳組織，陳文幹曾撰『日本戰時情報組織與宣傳統制』一文，歷述日本宣傳組織的演變。本來日本的情報宣傳機關，是附設於各省的，各自蒐集情報，各自宣傳，其間毫無互相的聯絡。而各部的情報機關是：外務省——情報部（勵行外交國策之情報宣傳。）陸軍省——新聞班（軍事之普及與宣傳。）海軍省——軍事普及科（軍事之普及與宣傳。）內務省——特高科（防止共產主義之情報。）各省站在自己的立場上宣傳的結果，彼此的宣傳政策往往發生很大的矛盾；因此，在一九三六年七月，就有內閣情報委員會之設立，將上述各機關的機能加以調整，使其得以發揮其效能。情報委員會的機能有三：（一）關於實行國家行政各種方策的基礎情報的聯絡調整。（二）關於內外報道的聯絡調整。（三）關於啓發宣傳的聯絡調整。換句話說，情報委員會的機能，只在於聯絡各省的情報事務而加以調整，使國策得以實行，但牠並不直接在民間進出宣傳，因此，情報委員會的作用，並不是積極的。

情報委員會的組織，在六月三十日由內閣總理廣田弘毅正式公布，全文分七條：

第一條　情報委員會關於內閣總理大臣的管理範圍內，掌理關於各處情報重要事務的聯絡調整。

第二條　情報委員會由委員長及委員組織而成，委員長由內閣書記官長充任，委員是根據內閣總理大臣的奏請，在關係各廳敕令官中由內閣任命。

第三條　委員長總理會務，委員長倘另有事故，由內閣總理大臣指定某委員代理委員長職務。

第四條　情報委員會中設有幹事長及幹事，幹事長以專任情報委員會事務官充之，承受委員長的指揮，掌理庶務，幹事根據內閣總理大臣的奏請在關係各廳高等官中，由內閣任命，秉承上司的指揮整理庶務。

第五條　情報委員會設有左列職員：事務官三人，奉任（其中一人得爲勅任）專任書記四人，判任。事務官，秉承上司命令掌理事務。

第六條　書記的進退，由內閣書記官長決定。

第七條　在第五條的事務官之外，根據內閣總理大臣的奏請，在關係各廳高等官中，內閣得任命事務官。

七七盧溝橋事發，日本就決將內閣情報委員會改組，擴大爲內閣情報部，一如德意獨裁國家一樣，使一切之情報與宣傳，均在政府統制中。情報部成立後，就變成一個獨立活動的機關，即除將各省情報蒐集後，更作積極的啓發宣傳，情報部的組織如下：

- 情報委員會（委員長爲內閣書記長官）
  - 常任委員會
  - 情報部
    - 專任事務官
    - （常勤）各省事務官
    - （連絡）情報官

委員會的任務，在於決定一切情報宣傳方針，而情報部就在這方針之下活動，事實上的一切，均由情報部長主持，但與常任委員會保持特別關係。常任委員會則由內閣內務、外務、陸軍、遞信各省之委員構成。

情報部設部長一人，專任書記五人，常勤事務官十二人。

最後談談中國的國際宣傳組織，在戰前中央黨部宣傳部設有國際宣傳處，江康黎爲處長；在外交部則有情報司，李迪俊爲司長。因爲事權的不統一，和經費的不充足，所以沒有多大成效，抗戰發生後中央重視國際宣傳，中央黨宣傳部和外交部，仍有國際宣傳處與情報司的存在，但在軍事委員會政治部下，設有國際宣傳處，聘請專家，負對外宣傳的總責。中國是被侵略的國家，在國際當然比較同情；而且日本的暴行，例如排斥外人在華的權益，日機對平民濫施轟炸的事實，都是彰明昭著的。不過如能更進一步自能希望各國人民的同情以行動來表示。

第九章　印刷

第一節　印刷術與新聞事業

本來，新聞學與印刷術，是兩種不同的知識；但在實際應用上，這兩種學術，却有極密切的關係，使印刷術也成了新聞學的一部分了。例如做一個新聞記者，不一定是一個印刷家，但是非懂得印刷不可。在報界競爭日烈的今天，不但要求報紙內容的充實，而且還要求形式的美觀；所以各版編輯先生在稿子發齊後，還要親自到排字房去，指揮拼版，如果編輯不懂得印刷術，如何能指揮自如呢？又如何能使印刷出來的東西，處處合意呢？在過去常常發生編輯和排字工人衝突的事情，這完全由於編輯先生不知道排字工人的困難所致。

就是在營業部的人員，對於印刷術，也應有普通的常識。因為印刷部分的設備，在報館方面，是最費錢的地方。例如排字機，印刷機，澆鉛機，鑄字機，都是價值貴重的東西。如果不知道這些機器的作用，如何提高工作的效率，那間接就是報館的損失；如果印出來的報紙，不及別家報紙清楚，尤應加以研究毛病所在的地方。

總之，現代報紙的特色，大量生產，形式美觀，都是印刷術進步的賜與。因此研究新聞學的人，對於現代印刷術，不得不有一些極普通的常識。

現代歐美報業雖然盛極一時，但我們不要忘了與報業極有關係的造紙術與印刷術，都是中國最先發機的。關於這一點，美國著作家卡透（Mr. Carter）著有一部關於中國發明印刷術的著作，內中有幾句話，可供我們參考：

「歐洲的知識生活，脫開了黑暗時代而入光明，自然對於印刷發生很大的需要。從種種事實上之研究，中國卻供給許多此項材料。吾們可以斷定，印刷最初的動機，是由中國而到歐洲。當時歐亞道路已經開闢，蒙古勢力極大，自太平洋擴張至於幼發拉底河及凡爾加河。在這個時代的末尾，歐洲的木刻才萌芽。

「考察當時歐洲所用的印刷材料，技術及其他印刷品的性質，可以看見中國所給予歐洲影響之大。紙是中國發明的東西，當時印刷品所用的墨汁，也和中國所用的相同。印的方法，也沒有什麼差別。並且印刷只印一面，不是若現在兩面印刷的。把現在留下來的最古印刷品，如雕像如印好的紙牌，加以考察，可見其間淵係，已爲密切。且以後歐洲與中國之印刷進步，亦向同一方向進行，證據也很明瞭。雖然也有人抱相反意見，但是我們可以假定中國對於歐洲之影響，不只是造紙，即歐洲石刻之初創，最有價值之原動，亦受自中國。」

中國印刷術的落後，更使吾人不得不急起直追，研究印刷術，以期與歐美各國並駕齊驅。因爲這是現代報業發展的先決條件。

第二節　排字機器

中國報館到現在，排字還沒有排字機器，仍用人工爲之；但是用人工排字，發生了許多麻煩的問題，第一是鉛字檢出來排好用過之後，還要檢出歸還原處，以備下次再用；所以這個鉛字的分配問題(Distribution)實在太費時間了，拿出來要化多少工夫，歸還原處又要化多少工夫；第二是鉛字的整齊問題(Justification)，要美觀均勻，也是一個極麻煩的事；第三是植字問題(Type setting)，檢出要用的鉛字，要順手，要簡便，要敏捷，都是一個嚴重的問題。但是在外國的報館，這都已不成問題了。在六十年前，就有排字機的發明，到現在最普遍的排字機有三種：一爲單行排字機(Linotype)，二爲單字排字機(Mono-type)三爲多型排字機(Intertype)茲將三種排字機的結構分述如下：

一、單行排字機——它是一個日耳曼種的美國人發明的，名爲 Ottman Meryenthaler。他在一八七六年就開始研究排字機器，至一八八六年七月，卽製成十二架排字機，爲紐約講壇報(New York Tribune)首先採用。逐漸推廣，到現在已風行一時了。

這個機器的構造是非常複雜的，但其作用也可以說是很簡單，就是先把活字的銅模排好，用熔化了的鉛來鑄字，鑄成一行的字；再由機器自動的把用過的銅模帶回原來的地方，如此循環不已。所以單行排字機的構造，最重要的部分有：(一)銅模箱；(二)打字板；(三)鑄字輪；(四)鎔鉛鍋；(五)分字軸。當稿子來了，工人祇要和普通打字一樣，打完就等於排完；排成一行行的，整齊問題也不必費心，所以單行排字機，實爲現代械中最巧妙的發明，其機器開動時可有三種工作同時進行：(一)司機的手在打字，就等於排字；(

字輪鑄齊新鉛條；（三）在分字軸上已用過的銅模在尋覓它的故室。

風行全球之聲納排字機（Lino type），有三大優點：（一）以整行之鉛字條為單位，無鉛字散亂之虞；（二）迅速經濟，一人司機可抵六人排字的出品；（三）有數百種之字體可用，可排六十種之方言。

二、單字排字機——一八八七年為美人蘭斯東（Tolbert Lanston）所發明。這種機器的特色，在筆畫清晰，所以雜誌書籍的排印，都用單字排字機，而不用單行排字機。該機的結構，可以說是兩個不同的機器合併而成，一個是排字機，另一個是鑄字機。其所排成而鑄就的鉛字，不是成行的，而每個字母都是活字，可以分開來的。

三、多型排字機——所謂多型排字機，和單行排字機，實在沒有極大的不同，不過在構造上比較複雜，運用上比較便當而已。例如多型排字機的打字板，不止一個，藏銅模的箱，也不止一個。所以單行排字機，只能鑄出一種形式的鉛字，而在多型排字機中，可以同時排成及鑄出許多字體不同的鉛字來。

四、其他——除了上述的三種排字機而外，還有下列幾種新式排字機和鑄字機。不過均不十分普遍而已。

（1） Linograph，比較單行排字機，更為簡單輕便；（2） Ludlow Typograph，先要將銅模排好，集成一行，放在這鑄字機上，以沸鉛澆之，便成一行鉛字。（3） Thompson Type，這是我國各報館所普遍採用的鑄字機，鑄字時先將銅模裝在機上，開動機器，鑄字甚速，每一分鐘，可以鑄成一百五十個之多，不加琢磨，就可以使用。（4） Teletyping 這種電傳排字機，是印刷界最新的發明，一九二八年格萊特（Frank E Gannett）把電線連到單行排字機的打字板上面去，一面拍電，另一面便自動把電報排成一行行的活字。如

風行全球的賚紇排字機

此各地訪員打電報到報館裏來，憑文打來就排好，無須再經過排字的手續了。

第三節　銅版鋅版和鉛版

現代報紙的美觀，完全是受了機械文明的賜與，不但報紙印刷精良，而且在新聞中也可以用圖畫和照片，使報紙的形式格外美觀，同時新聞也因有插圖，而益加生動活潑，使讀者感到無限的興趣。

普通報紙所刊載的圖畫，不是用銅版，就是用鋅版。銅版和鋅版的起源，雖然可以一直追溯到木刻；但是又不可不歸功於戴爾波 (Fox Talbot) 的發明膠質感光術，使圖畫或照片製成鋅版或銅版，不必藉藝術家的手刀，而可以用物理的及化學的方法來製成。

製成銅版和鋅版的過程，大半是相同的：鋅版的製法：（一）拍影，把要製版的圖畫或照片，照指定的大小拍影；（二）定影，用化學的溶液，把拍在玻璃片上的影，固定起來；（三）印影，把倒影片放在鋅片上，鋅片上本塗有感光藥，再以烈光射入，便發生感光作用，於是原來圖畫上的黑痕畫跡，在鋅片上凝成膠體；把鋅片取下，放到水裏去冲洗，未受光的部分，被水冲去，那受光的部分，則凝固於鋅片之上。此時鋅片上的痕跡，方向和原畫完全相反，以後經過蝕刻，其印出的東西才和原畫一樣。（四）刻影，把鋅片掛在蝕刻器內，而將版搖動，使酸液在片上流動，鋅片上凡有凝固的膠質遮蓋着的部分，爲酸液的侵蝕力所不能及，其餘部分，則漸爲酸力所腐蝕，結果鋅面上的筆痕墨跡，凸出於鋅面。（五）修影，鋅版經過蝕刻之後，還要經過一番加修的工夫，把蝕刻太淺的地方，加深些，使之格外清楚。修改後鋅版就此告成了。

銅版的製法，雖與鋅版相同，但有許多地方，應特別注意的。例如鋅版祗要表示黑白，但銅版要把圖畫或照片中的陰影，也能表示出它的濃淡來。所以在拍影時，要用一個縱橫相織的隔光玻璃網。這種網線以六十行為最粗，最細的有四百行。決定網線的粗細，固有許多條件，最重要是紙張的質地，油墨的精粗，但普通的白報紙，均以用六十行的網線為最相宜。

至於鋅版和銅版的應用，普通報紙刊載地圖、漫畫、卡通都用鋅版，因為鋅版表示黑白非常清楚；反之，如人像圖畫，圖中的濃淡也要表示出來的，則用銅版。不過銅比鋅貴，所以報館為節省經濟起見，凡遇到以粗網線製版者，常以鋅片代替銅片，一般人稱之謂新聞畫片（Newstone）。

澆鉛法（Stereotyping）的發明，也是使現代報紙大量生產成為可能的因素之一。以前活字排成，放在印刷機上去印，因為活字版祗有一副，無論印刷機的速度，如何大，能於短時間內印出的報紙，一定極有限，如何能適應廣大讀者的需要呢？但自澆鉛法發明後，一個活字版可以製成許多副版，同時可在許多部印刷機上付印，於是幾十萬份的甚至幾百萬份的報紙，在短時間內就可以印就了。所以澆鉛法的發明，是現代報業進步的重要因素之一。

澆鉛法其實很簡單，先打好紙版，然後鑄成許多塊鉛版。我國各大報亦已一致採用。起初打紙版是用人工打成的，但在時間上太不經濟了，乃改用壓版機（Direct Pressure Matrix Making Process），不但節省時開，而且比人工打的，更要清楚；壓版機以德國的 Frankenthal，瑞士的 Winkler 最為出色，風行全球，但美國最近 Wesel 廠，所製出的 Shrinkage of Matrix 尤為優良。

紙版打好後，然後去澆鉛鑄成副版；印刷機如用的平版機，則用平面澆鉛機製成平面版；如果用的是捲筒機，則製成捲筒式的鉛版。捲筒澆鉛機，自一九〇〇年美人華特(Henry A. Wood)發明以來，各種澆鉛機也發明了不少。現在最普通的，有英國的 Junior Autoplate and Autoshaver, Pony Autoplate；瑞士的 Automatic Casting Machine；德國的 Ganzautomatische Stereotypie Einrichtung，每分鐘可以澆鑄連修好三塊之多，其速度實不可言喻了。

此外還有幾個製副版的方法，一為電版法 (Electrotyping) 先造成臘模，再經過電鍍銅附於臘面而成副版。二為鎳版 (Nickeltype) 及鋼版 (Steeltype)，製法與電銅版同，惟改用鋼或鎳而已。

賓納鎔版機

（說明）為鑄製半圓形鉛版最經濟之設備，以一機而包含鎔鉛爐，澆版箱，刮底修邊刀，沖熱噴水管等各種設備，故能自動完成鑄版工作，每分鐘能成版一塊。用半圓版輪轉印機而每日需要多數鉛版之報館用最宜。

杜關壓士紙版撩壓機

（說明）

此機無論乾濕紙版，皆可適用，壓力極巨，機件堅强無受壓而伸縮之弊。發動之馬達，與齒輪直接相連，一切機件强重簡單齒輪之上有相當之遮蓋，以防意外。

杜關歷士鑄版機

（說明）鑄版時祗須將紙版裝入直體箱內，關閉箱門，紙版即同時夾定，並無繁雜之夾紙版工作。

杜關歷士刨版機

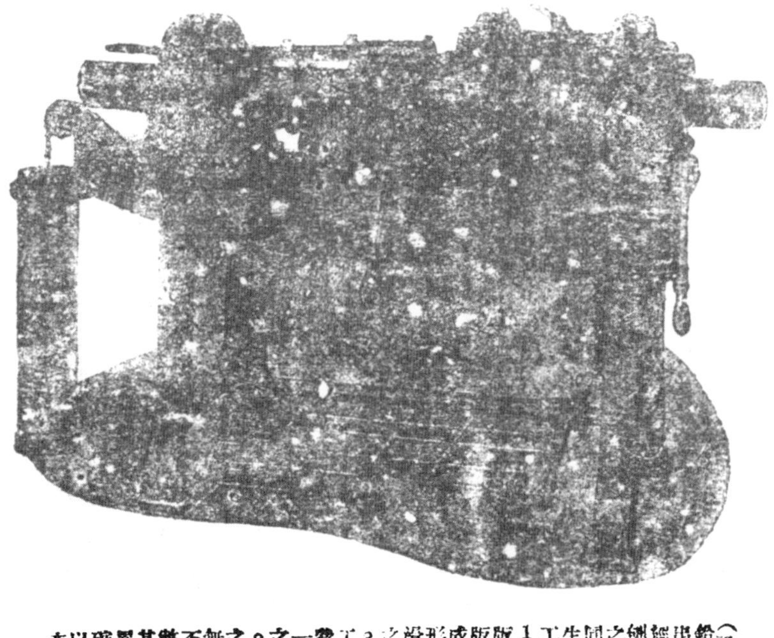

（說明）鉛版提出後一鑄放入刨版機之內瞬間時發生三種工作，1割斷版尾2版邊刨成斜角3刨滑鉛版之裏面。以上工作共費不到一分鐘之時間。刨成之版絕無厚薄不均之弊，匹其構造異常準確，所以出品亦精。

杜關歷士修版機

杜關歷士鑽版機

第四節　印報機器

報館中所用的印報機器，式樣繁多，究竟選用何種印報機最爲相宜，實在是一個極複雜的問題。單以美國一國而論，專門製造印報機的公司，也有下列五家：（一）Robert Hoe & Co.（二）Walter Scott & Co.（三）Goss Printing Press Co.（四）Duplex Printing Press Co.（五）Wood Newspaper Machinery Corporation. 但是報館採用何種印刷機呢？這個問題的解決，要看報館所具備的條件，一、每天出版報紙的大小，有對開的，也有四開的；二、除印黑色外，要不要套色？三、報紙銷路的大小；四、報館機器間地位的大小。

我們在許多種類中，選出最普通的四種來，略加說明這四種印報機，就足以代表報館印刷機的複雜了。

（一）何氏三十二頁捲筒印刷機（Hoe Simplex 32－Page Rotary Web Press），適用於不大不小的報館，此較經濟合算，每小時能印報三萬份，每份的頁數可自四頁至十二頁。所以像我國日出五六張，日銷十萬份左右的，可用何氏三十二頁捲筒印刷機，如果報紙銷路激增時，也可以設法擴充，增加它的生產力，以應付一時的需要。它是美國 Robert Hoe & Co. 的出品。

（二）何氏加倍八元捲筒印刷機（Hoe Double Octuple Newspaper Press），這是大量生產的印報機，適用於大規模的報紙，英美報紙銷路達百萬份左右的，均用何氏加倍八元捲筒印刷機。該機的構造，非常複雜，機器分為兩邊，每邊為四個單位，上下相疊，每一個單位，可印十八頁，所以總計可印一百二十八頁；摺報機在中間，每小時可出一萬八千份。此機最大的特色，可以全部開動，也可以局部開動，而且還可以印四色畫報。

（三）高斯高速迴旋印刷機（Goss High Speed Rotary Press），該機最大的特色，在其印刷摺報的迅速，而且它的結構，是由許多單位併成的，美國畢次堡城的 Pittsburg Press，裝有三十二個單位，每小時可印就報紙十五萬七千份，每份報紙的頁數，最多也有六十四頁之多。此機在美國甚為流行，在中國還很少見。

（四）其他，如 Goss Duplex E字式小型印刷機，Pony Cylinder 等，可供小型報或雜誌用的。

美國最新式的 Scott Straight unit 輪轉機，將印刷機器由橫層式改為單位式（Deckform to Unit-form）。

杜關歷士廿四頁筒捲印報機

每小時出品三萬全份

（說明）能印四，六，八，十，十二，十四，十六，十八，二十，廿二，或廿四頁之報紙，每頁紙用鉛版一塊。

此機分三層，每層分兩組，每組可印四頁，如先購五組則可印二十頁之報紙，將來隨時仍可以增至六組。在加組之時，先有之五組仍能照常工作。如欲套印兩色則可將任何一組作爲第二色之用。

兩部廿四頁機可以連接使用，其收效與四十八頁機相同。

機上裝有起重器更換紙捲全不費力。

杜關歷士平版捲筒紙印報機

甲種A式機

杜關歷士平版捲筒紙印報機

乙種E式機

第十章　報業管理

現代新聞事業，既已完全商業化，誠如美國新聞學專家 Thayer 所謂『人們從事報業，實爲營利。』Bro-
 也說『報業也是一種商業。』但是報業如何經營就得獲利呢？這個問題却極重大，Miller 說：『在一個小社會裏出版一張小型報紙，其經營的方法，同在那小社會裏的水菓店的經營法則，完全是一樣的。』他的話我們是不敢贊成的，報業決不會和普通商業的性質完全一致，否則報業管理，也不必研究了，由成功的企業家去經營也就行了。總之，報業有其與普通商業不同的特質，其經營的方法，也和普通商業不同的。不過如何經營報業？確是一個極重大的問題。誠如 Professor Harrinton 所說：『研究如何能使報紙獲得利潤，確爲今日報業最有價值的事了。』

一、報館組織——報館組織的外形，與一般以營利爲目的之企業，完全相同，一爲個人獨資經營，例如上海申報是史量才獨資經營的，香港星島日報是胡文虎個人經營的。這種組織的報館，一切事務都集在一人身上，如果主人幹練有爲，則其發展比較容易；不過現代報業需資甚巨，恐非個人資力所及；個人獨資經營報業的時代，已經過去。二爲數人合夥經營報業，此種組織不甚相宜；合夥公司在別的企業，也很少採用。三爲公司組織，爲今日風行全球的報業組織，不僅資金容易籌集，擴大報業的範圍；而且能維持久遠，不致因人事的變動，而陷於傳頌。

二、營業政策——經營報業最重要的，是決定營業政策，對於該報的前途，關係重大。有的報紙，完全商品化，把報業視爲商業，以賺錢爲唯一的目標，不顧一切，唯利是圖。例如上海的××報，就是這種報紙的代表。不顧讀者的利益，看新聞要從廣告裏去尋找；不顧國家民族的立場，在上海淪陷後，屈受日方的檢查，不管社會的福利，對於廣告，不加限制與審查。往往爲劣商所利用。可是它的業務非常發展，每年有很大的盈餘。有的報紙帶有很濃厚的政治意味，不顧營業的狀況如何，專以宣傳思想，鼓吹主義爲目標。這種政黨的報紙，往往爲一般讀者所不歡迎，銷路既窄，廣告又少，其財源則賴政黨的津貼。

此外經營報業，還有一個同樣重要的問題，就是以何種讀者爲對象；換言之，就是走何種路線？例如新聞報以商人爲對象，申報大公報時事新報以教育界爲對象；報紙內容當然要因對象而不同，以教育界爲對象的，就該注重社論專稿，甚至還要增加帶有學術性質的週刊，以提高文化水準。銷路的廣大與否，完全在其所走的路線。

三、財政管理——管理報館財政的機關，一是出納主任（Treasurer），負責處理現金和一切票據的收付；二是財務監管（Controller）負責監管及指揮記帳會記財務報告等；三是稽核主任（Auditor）負責審計一切賬項記錄。這三個機關，應該各自獨立，權限分明，以收互助牽制的作用。理財的方法，和別的事業一樣，第一要保持財務記錄，例如資產與負債的賬項，收入與開支的賬目，都要有完善的記錄，隨時可以覆按報館的盈虧，第二要量入為出，務使開支不超過收入，而有利潤可圖。最好事前能編制預算。第三要開源節流，如果營業狀況欠佳，資金週轉不靈，則宜及早設法，不是開源，就是節流；所謂開源有兩種意義，一為發展業務，使收入增加；另為膨脹股本或發行債券。所謂節流，就是內部緊縮，節省開支，或裁員減薪，均無不可。

四、人事管理——報館中所雇用的職工，大別之有三種：一是編輯部的人員，是文化勞動者，應重視學力與經驗。二是營業部的人員，大半是從事買賣的商人，應重視其閱歷與眼光；三是普通職工，應重視其技能與體力。前二者的雇用，當以熟人介紹為最相宜。至於第三者，除了私人介紹外，還可用公開徵求，舉行測驗，用下列各種方法：（一）一般智力測驗；（二）性癖測驗；（三）特種能力測驗；（四）商業知識及技能測驗；（五）個人興趣測驗；（六）個性測驗。用這些科學的方法測驗而招來的職工，大體必能稱職，祇要在管理上再下一番工夫就行了。第一，對於已經雇用的職工，加以訓練，以增高工作效率；第二，工場的設備，應注意到職工的健康，而合於衛生的條件；第三，工資不能過薄，應以報館的營業狀況和一般生活水準為標準；第四，考察工人的生活，實施各種有益於職工福利的設施。例如保險養老儲蓄等辦法，充分提倡實施；第五，採取利益均霑的原則，如每年有盈餘，職工亦應享有分紅待遇。如此，勞資雙方就可以打成一片，不致發生勞資糾紛。報業和別的企業不同的地方，就是不能一天無報，如果發生工潮，以致報紙不能出版，則將受到無限的損失，不獨影響廣告收入，每天的銷路也因之減少。所以報業管理，人和第一。它的意義，就是在此。

五、事務管理——一言以蔽之，事務管理，力求其科學化；所謂科學化，就是各部分的佈置力求合理化，辦事手續完全標準化；如此就能增進工作效率。一切費用則力求經濟化，以節省報館的開支。報館的內部，不但組織複雜，而且事務也極龐雜，如不用科學的管理方法，那末浪費的地方不一而足；嚴厲地說，不經濟過甚，也會影響到報館的財政，所以這也是經營報業應注意之點。

第十一章　廣告

第一節　廣告的重要性

現代報業既已完全商業化，辦報的人專以營利為目的，所以現代報紙活動的重心，已由編輯部移到營業部。幾乎連報紙的編輯政策，也要由廣告科發行科的意見來決定了。

發生這個變動的原因，一言以蔽之，就是由於報紙的商品化。因為機械的發達，報館的設備需要鉅大的資本；不得不靠資本家的投資。而報紙又以銷路為其生命線，如果要求銷路巨大，就非把定報的價格降低，使最貧苦的讀者，也能定閱報紙；所以現代報紙收入的財源，完全依靠廣告，廣告收入的多寡，足以決定報紙的生死命運。一般唯利是圖的資本家，對於經營報業的精力，自然都要集中在廣告方面了。

各種報紙的財源，既然仰給於廣告主顧（Advertiser），但是一邑一鎮的廣告主顧是有限的，而且每一個廣告主顧，也有他的預算；在這一年之中預備在廣告化幾多經費，也有一定的數目；所以在廣告科裏做事的人員，要想盡各種方法，吸引廣告主顧，樂於刊登本報的廣告。

總之，現代報紙，欲求其發達，則非注意營業的爭奪不可。擔當這個生存競爭的任務的，當然是報館的經理。

經理對於報館中任何事情，都要密切注意廣告愈多愈好，銷路愈大愈佳。美國新聞學專家 Thayer 曾說過這樣的一段話：『報紙是那樣大規模的企業，企業要去充分注意這個企業的生產過程，分配，會計及財政等等，是需要很大的行政材具的。經理要知道他的各部活動，是否有浪費，浪費太多會使企業破產的，他要確實知道報紙分佈及投送，不致於有誤，當每個讀者希望報紙到時，他的報紙已在讀者眼前了。』

其實不但報紙的收入完全依賴廣告費，就是雜誌（Magazine），定期刊物（Periodical）也是如此。以產業發達的美國為例，Saturday Evening Post, Liberty, Ladies Home Journal, Woman's Home Companion, Country Gentleman, American Magazine Vanity Fair, Literary Digest, & Mercury 等，它們的收入，有百份之九十以上是廣告費。由此可知出版界的依賴廣告收入了。

第二節　廣告的作用與製作

報紙刊登廣告的作用，在促進社會對於商品及役務的交換，以經濟學者的眼光而論，報紙刊登廣告也是屬於生產（Production）事業的範圍，無形中能增加物的效用。而且報紙的廣告，比別的任何性質的廣告都比較最有效力。（一）報紙是無遠弗屆的，不像廣告牌子永遠懸在一地；（二）大家都承認報紙是廣告的總匯，有人要購物徵求，自知翻閱廣告；（三）報紙廣告富於伸縮性，任主顧如何刊登；（四）廣告一再重複始有效力，而在報紙上可以長期刊登；（五）報紙刊登廣告，不但手續簡易，就是要終止刊登，也極為方便；（六）報紙已以廣告為其業務之一，有專門人員負責辦理，易使廣告顧主滿意。所以一般商店公司工廠甚至個人，都特別願意在報紙上刊登廣告。美國福特汽車行每年的廣告費，達一千萬左右，從這一點，也可以看出報業的發達，也有其工商業特殊條件的；中國產業落後，尚難望中國報業有驚人的進步。

報紙刊載廣告，一則是它的任務，在促進商品及役務的交換；另則又是它的業務，在增加報紙的收入，而達到賺錢的目的。所以現代報館都有廣告科的設立，有一部份的廣告員在外招攬廣告，同時也有一部份的職員，在家替廣告主顧設計廣告的內容。至於廣告如何能收效，達到廣告的目的，製作廣告原稿時，應注意下列各事。第一要能引起讀者的注意，打開報紙來，就能吸住讀者的視線，其方法（一）用特種的文字或圖畫呈出緊張 (Intensity) 情緒使讀者容易注意。（二）擴大廣告的地方，這就是所謂開展 (Extensiveness) 的方法。（三）以暗示 (Suggestion) 的方法，激動讀者於不知不覺之中。此外還有什麼結合 (Association) 的方法，把廣告中的事故與有名的故事相提並論，也是容易引起讀者注意的。第二要能使讀者發生興趣，讀者既能注意到廣告，可以說已獲初步的成功，但經過讀者看了，還要使他們發生興趣。心理學上有所謂感情的 (Emotional)，想像的 (Imaginative)，思考的 (Reasoning)，風俗傳統的 (Customs and Traditions)，富有特殊的接受力，廣告製作時，應先考慮到這幾方面。第三要能增進讀者的慾望，換言之，廣告要注意到那些售貨要點 (Selling Points)。使讀者看了廣告，對於該貨物的慾望，油然而生。所謂售貨要點有下列各端：衞生的，潔淨的，用科學方法製造的，有極大效用的，安全的，耐久的，質地優良的，經濟的，可以保證適用的，名廠的出品，式樣美觀以及由獨家經售等。第四，要能使讀者相信，看了廣告，如不能爲讀者所相信，那末廣告的效力，仍等於零。所以最重要的廣告，要能使讀者相信。換言之，切不可過分誇張，而要保持着誠實無欺的政策。

廣告寫製的體裁，不拘一格，可以用描寫的接近法(Description approach)，也可以用敘述的接近法(Narrative approach)，用語更可變化無窮，例如機警的(Epigram)，示意的(Implied)，委婉的(Soft)，命令的(Command)，均可採用，而使廣告格外有力。不過廣告的內容，最要的還在（一）誠實，（二）信守，（三）目的，西人稱之謂共通的神髓(Spirit of advertising Copy)。

廣告對於社會的作用，既如上述；但是也有利用廣告的效力，進行其不正當的計劃；所以報館對於廣告，應加以檢查，而對於有害社會的廣告，應即拒絕刊登。廣告的內容如屬於下列各項者，應當拒絕刊登。

（一）有損其他同業競爭者的宣傳；

（二）有違反公共利益的宣傳；

（三）有妨害公共秩序及安甯的宣傳；

（四）有傷風化的照片圖畫及宣傳；

（五）未經註冊的醫藥宣傳。

支加哥論壇報對於醫藥廣告，限制得非常嚴格；下列各種廣告均在拒絕刊載之列：（一）未註冊之醫師，外科醫生，以及藥劑師；（二）墮胎醫生，墮胎方法，墮胎器具，避孕方法器具及藥品；（三）政府檢定爲不合聯邦食品藥物法的一切治療方法及用具；（四）政府衞生局，製藥公司，聯合會，醫師公會，藥房聯合會或牙醫師公會等所舉發無效之一切治療方法藥品及用具；（五）含有海洛英嗎啡及古加鹼等內服藥或能致癮癖的藥物；（六）一切含有木質酒精鉛質古加鹼及其他毒質之婦女衞生用具、油膏、顏料、香水、擦劑等。（七）隱約不明之醫藥報紙；（八）一切有反聯邦食品藥物法的精神而爲過甚的宣傳之廣告；（九）牙醫廣告等。

我國報紙對於廣告的選擇，向不甚嚴，打開報紙幾乎滿紙是不應刊載的廣告。

第三節　廣告的價格

廣告收入既爲報紙收入的大宗，那末廣告的價格如何決定呢？如果收費過高，誰也不願來刊登廣告，廣告收入反而減少；反之，如果收費過低，在紙張上的損失往往會超過廣告收入，如此便得不償失，所以這是一個很重要的問題，是值得報館經理切實注意的一件大事。英美新聞學者對於這個問題，都曾有意見發表過，頗值得我們參考，塞夫萊(J. C. Saflay)在其著作 The Country Newspaper and Its Operation 一書中主張廣告價格應根據三種因素，一爲報紙每天平均的實際銷數，二爲報館每月的費用，三爲最低限度的利潤。在價目定好之後，如果報紙的銷數激增，不妨提高價格，對於長期廣告主顧，最好先訂合同，予以特別優待。其次是勃龍 (B. O. Brown) 著有 Problems of Newspaper Publishing 一書，他和塞夫萊的見解一樣，認爲廣告刊例一經規定後，絕對不宜減削，否則容易失去刊登廣告者的信仰，以致使招攬廣告更加困難，並主張定價，應用成本制度（Cost system）來計算，同時日銷的份數也是決定定價的標準。阿倫（C. L. Allen）所在其 Country Journalism 一書中，列舉伊林諾州（Illinois）報業公會所議定的廣告價格，完全以銷路的大小爲標準：

報紙的銷數	每平方吋的價格
一，〇〇〇份以下	二〇分
一，〇〇〇——一，五〇〇份	二五分
一，五〇〇——二，〇〇〇份	三〇分
二，〇〇〇——二，五〇〇份	三五分
二，五〇〇——三，五〇〇份	四〇分
三，五〇〇——四，〇〇〇份	五〇分
四，〇〇〇——七，五〇〇份	六〇分

他具體的主張有二點（一）在一年內如能刊登一定數量的地位，可以最低的價目計算；（二）分類廣告的收費應高過於大幅的廣告。此外還有一位專門研究廣告學的美爾斯（C. W. Mears）寫了一本 Newspaper Rate and Circulation Analysis 發明三種方法衡量廣告的價值，這三個方法太專門了，不想在這裏介紹。

我國報紙的廣告價格在實際上是很低的，一則由於銷路不大；另則由於中國產業不發達。卽以新聞報和申報而論，新聞報的廣告定價分爲五等十二類：

一、特等：（甲）登於報名下，以二十五個字爲一行，共十九行，每日每方國幣十九元。（乙）登於提要附近兩版上，以四十個字高爲一行，共十五行，每日每方國幣十九元。（丙）登於新聞欄中以四十個字高爲一行，每次以三行起碼，每日每行國幣九角。

二、頭等：（甲）登於報名旁上封面一小版，每日每版國幣二百四十三元。（乙）登於下封面，長行以八十個字高爲一行，每次以三行起碼，每日每行國幣一元八角。

三、二等：登於緊要分類廣告地位，每行二十個字高爲限，每次至少四行，至多一百行，每日每行國幣四角。

四、三等：（甲）登於本埠附刊報名旁上封面一小版，每日每版國幣一百二十九元六角；（乙）登於本埠附刊報名下以二十五字高爲一行，共十九行，每日每方國幣十元；（丙）登於本埠附刊新聞欄中以四十個字高爲一行，每次以三行起碼，每日每行國幣六角；（丁）登於本埠附刊分類地位，以二十個字爲一行，每次以四行起碼，每日每行國幣二角五分。

五、套色：（甲）新聞報加印套色廣告，特等甲，頭等甲，以第一第二兩版爲限；三等甲，三等乙，三等丙，以本埠附刊第一第二兩版爲限，均每行加國幣二角，以一小版起碼。（乙）新聞夜報以第一第二版爲限，每行加一折，以一全版起碼。

申報以及其他各報廣告的刊例，大體相同，所不同者，在其折扣耳。新聞報係打八折，其他各報則四折對折七折，不等。

第四節　廣告科的分工合作

報館既以廣告收入佔其總收入的百分之八十九十，對於廣告科的組織，及廣告主任的人選都是非常重要的。廣告主任，不但要有商業頭腦，熟悉市場，明瞭商人的心理，而且還要有藝術的意趣，能了解優美的廣告底稿，領略富於美感的圖畫。所以這種人才，在我國新聞界是非常缺少的。

至於廣告科的組織，在廣告主任之下，設立四個部分，（一）本埠廣告，專司本埠百貨商店戲院酒館遊藝場的廣告。（二）分類廣告，是徵求性質的廣告，如召租出頂遺失聲明待聘聘請等。（三）全國廣告，是全國都有經售的商品的廣告。（四）研究部，研究本埠的商情行市，調查各種商品的銷路，以供廣告主顧的參考。

廣告的來源，一為門市廣告，即廣告主顧送上營業部來的廣告；二為招攬廣告，由本館的廣告員在外奔走拉來的廣告；三為廣告公司的廣告。

關於廣告公司（Advertising agency）的性質作用與其流弊，有在此一述的必要。廣告公司首先創設於廣告事業最發達的美國，美國產業發達，而商務的發展，必賴廣告的宣傳，所以在其公司內，也有廣告部的設立，但在競爭劇烈的時代，廣告部的人才終感不足，於是廣告公司應運而生，除設專員調查市場外，並請廣告專家，在公司內設計廣告底稿的製作圖畫的繪寫，均往往不以適應社會心理切合主顧的需要為原則。因此頗獲廣告主顧的歡迎，而廣告公司從中抽取佣金（Commition）業務大為發達，一躍而為以操縱廣告事業為能事了。

近來世界各國報界，均有廣告公司的存在，即在我國報界，上海、天津、香港等處，亦有廣告公司，而以上海一埠最為發達，從前洋商勢力較大，而今多為華商所經營。上海各大報所刊登之廣告，十之八九，來自廣告公司，

廣告公司的優點，在使廣告的設計，益趨於盡善盡美，能滿足廣告主顧的要求，增加廣告的效力；但是廣告公司對於報紙，也有極大的流弊：（一）使報館養成依賴廣告公司的習慣，而不望在廣告上力圖上進；（二）報紙廣告既為廣告公司所操縱，無形中造成廣告公司對於報紙的優勢，報紙在其壓迫之下，祇能聽其支配；（三）廣告主顧與報紙之間，因有廣告公司的從中阻梗，關係疏遠，自難互相合作；（四）報紙收入勢必減少；（五）易受利用，對於廣告公司轉來的廣告，很難拒不刊載。

第十二章　報紙的發行

報紙唯一的財源既是廣告，但是廣告的來源，又靠報紙的銷路；所以報紙雖在發行上無利可圖甚至有時多銷一份就虧一份，但是報館在發行上，仍不得不努力以求銷路的激增。而且報紙在許多商品中，是最容易腐爛的東西，它的生命最長不過一天，短些祇有幾小時，報紙過了時效，等於失去生命，就成了垃圾，除當作舊報紙出售外，否則分文不值。所以在報界競爭白熱化的今日，在發行上力求其迅速，也是一件很重要的事情。過去各報館，均不重視發行，大家對於報紙的發行，認爲是一種刻板的工作，以爲發行主任的任務，僅在把印好的報紙，交給報販送到讀者的手裏去就完了，其實大謬不然，在報紙的發行上有許多問題，頗值得研究；同時現在報館裏的發行主任，其地位也擡高了。Thayer 對於發行科在報館中的地位日見重要，曾加以一番的解釋，他說：

「第一，因電報在通訊社之出現，重要新聞，各報均可以得到；故爭新聞之先後及有無之時期已過去，而同樣報紙競爭，要注重銷路多寡。第二，因爲印刷機械之發達，大量生產之應用，報紙利於多印，而因爲市場之要求有限，便非用人力爭奪銷路不可。第三，自新產業時期開始，工商業大發展，廣告之數量激增，而報紙銷路愈大的，所得廣告收入愈多，故各報紙爭銷路之增加。第四，因爲近世報紙，經濟自給，要維持生命，端賴報紙之賣得掉，廣告之招攬得到，而後者又賴於前者，因此諸報競求發行份數之加多，而發行部地位也就日益提高了。」

Brown也說：『銷數是報紙的生命素，沒有讀者的報紙，是根本不能存在的；而且沒有多少銷數的報紙，其廣告也不容易招攬。』

不過報紙的發行推廣，也有許多客觀的因素：（一）經濟的因素，農業社會裏的報紙，不能有巨大的銷數；但在工商發達的區域則報紙銷路的巨大，是必然的結果，即如我國而論，上海工商業比較發達，一直是我國報界的重心，再如美國的報業中心是紐約。（二）社會的因素，所謂人心之不同，各如其面，除了人類的共通性而外，不論對於政治、宗教、主義、嗜好，都是因人而異的。因此報紙要能爲一般讀者所歡迎，則不得不注意到社會的因素。尤其對於地方性（Locality）應加以特別的注意。（三）政策的因素，報紙的社論政策，編輯方針，都會有形無形的影響到報紙的銷數。因爲政見不同的人，就不願訂閱該報。所以各門報業，都有同樣的特徵，就是商業性質的報紙，銷數巨大；而言論的報紙，銷路反而減少。（四）外形的因素：報紙外形美觀，印刷清晰，銷路自然會好；反之，就不免要受影響，因爲一般讀者的識別力，並不高明，因此選擇報紙，以其外形的美觀與否爲標準。

此外，吾人對發行的手續與推廣的方法，有值得介紹的必要：

一、發行手續——發行科在發行主任之下，設有四個主要的部份，一是郵寄部，在全國性的報紙，其銷路不限於本埠，而及於全國。達到外省的讀者的手裏，祇有靠郵政的傳遞。報紙印好後，郵寄部就得將報紙寫上通訊處，準時送到郵政總局，以便趕上第一次開出的火車，使外埠讀者能早些看到報紙。二是城外發行部，由汽車將報紙運到郊外，分發給各報販，使城外的讀者能與城內讀者同時看到報紙。三是城內發行，支配報童以報紙分逕直接定戶，以準時不脫漏爲上乘。四是街頭發行部，專門管理 Street sale 的事情，就是以報紙分配給報攤及代售處。日銷幾十萬份的報紙，在發行上確是一件難事；日銷百萬以上的報紙，如無機器可以利用，眞是一個嚴重的問題。

二、推廣的方法——美國平均每五人定閱報紙一份，如以此爲標準，那末中國有四萬五千萬的人口，報紙應有巨大的銷數，但是在事實上我國銷路最廣的申報新聞報，對外宣稱日銷十五萬份，實際上不滿十萬份。所以中國報業實在還很幼稚，如果推廣得宜，在銷數上自可大增。至於推廣發行的方法，不外乎下列各點：（一）編輯方針始終不變。如果報紙的編輯政策決定不偏不倚，努力爲社會謀福利，那末不論所撰述的社論，刊登的新聞，甚至刊載的廣告，均須以此爲鵠的，長此以往，深入人心，自可獲得社會的信仰，讀者大衆的愛護。反之，如果無一定的方針，必爲同業所淘汰。（二）內容革新。報紙是時代的反映，同時也是時代的先鋒。它不但要日新月異，而且要一天比一天好，時日共進。所以報館中的人員，尤其是編輯部的記者，均須有前進的精神，時時刻刻在想法改革內容，使其益加充實。因爲經久不變，勢必引起讀者的厭倦。（三）尊重讀者的利益。報紙是文化的產物，並不完全是爲了營利，所以在可能範圍內，必須時時爲讀者打算，尊重他們的意見，減輕他們的負擔。如此的報紙，才不會離開讀者大衆太遠。（四）在可能範圍內，盡量爲社會服務，如提倡公益事業，援助社會上的弱者等。

所以要推廣報紙的銷路，是要報館全部人員的分工合作的。不過社會的進步，工商業的發展，以及教育的普及，卻爲增加報紙銷路的主要動力。

三、發行的稽核——報紙的實際銷路，除了該館經理自己知道外，館外人都是莫明其妙的。但是廣告的效力如何？全看報紙的銷路，因此廣告的主顧，不得不設法公開稽核各報發行的數目。美國在一九一三年，就有一個A．B．C．(Audit Bureau of Circulations)，凡參加這種組織的各報，均須將日銷的數目陳報，給A．B．C．的負責審核，並在報章雜誌上，公開發表，如不參加A、B、C、的報紙，其自稱的銷數，就不爲社會所公認。所以A．B．C．的組織，在中國報界是非常需要的。茲將A．B．C．的組織，介紹如下：

1. 目的——稽核並公佈各會員出版人確實發行狀況，以增進刊登廣告商人廣告社及出版人的相互利益。

2. 會員——凡出版人、廣告社、及刊登廣告人，均得入會爲會員。

3. 會員的權利義務——報紙的義務，以其銷路的大小而繳納會費：

二〇〇，〇〇〇以上	一二•〇〇元
二〇〇，〇〇〇——一五〇，〇〇〇	一〇•〇〇元
一五〇，〇〇〇——一〇〇，〇〇〇	七•〇〇元
一〇〇，〇〇〇——五〇，〇〇〇	六•〇〇元
五〇，〇〇〇——二五，〇〇〇	四•〇〇元

二五，〇〇〇——一五，〇〇〇	三•〇〇元
一五，〇〇〇——一〇，〇〇〇	二•〇〇元
一〇，〇〇〇——五，〇〇〇	一•五〇元
五，〇〇〇以下	一•〇〇元

報紙的權利，即爲發行稽核局爲其稽核發行，並公佈其確實銷數。

4. 權力機關——由董事二十五人，任監導管理之責。

5. 出版會員及發行稽核——出版會員每半年須詳細報告每日平均確實發行銷數及狀況，由稽核局每年分別實地稽核一次。

第十三章　新聞法令

第一節　言論自由

在民主政治的國家憲法上均有意見自由（Liberte d'opinion）的規定，承認人民有言論著作出版的自由。在我國憲法草案也規定：『人民有言論、著作、及出版之自由非依法律不得限制之。』（第十三條）蘇聯則更進一步，在憲法不但有消極的規定，承認人民有言論、著作及出版的自由；而且還有積極的規定，使人民實現其言論、著作及出版的自由。蘇聯現行憲法第五條規定：『為保障勞動階級的言論自由起見，蘇聯不許資本支配出版，而把技術上及物質上一切出版用品供給工人與農民，作為發行報紙、小冊子、書籍及其他著作出版之用；並保證其自由推廣於全國。』

不過這種自由也和其他的自由權一樣，並非絕對不受限制，凡言論著作足以破壞風俗妨害治安，國家當然也要干涉加以限制。所謂『非依法律不得限制，』換言之國家可以法律去限制言論著作出版的自由。各國均有出版法，對於干涉出版所採取的方法大概有兩種。一是預防制（Systéme Préventif），凡關出版品，不但在出版後要受法律的制裁，就是在出版前，也要受警察機關的干涉。二是追懲制（Systéme Représsif），出版品在出版以前，不受任何機關的干預，但於出版後，要受法律的制裁。英美都是採取的追懲制，歐洲大陸各國，大半採取的預防制；而預防制又可分兩種：一種是檢查制（Censorship Systéme），就是在出版之前，預先交付主管機關檢查，得到官署核准之後，始可出版。另一種是保證金制（Cautionnement Systéme），在未出版前向官署繳納若干保證金，如著作出版後，認為內容觸犯法律，則沒受其保證金。我國出版法及新聞檢查法則採檢查制與追懲制；在事前既經檢查，事後仍須懲罰。

在理論上追懲制當優於預防制，因為預防制最足以束縛人民的言論或延滯出版的時間。所以英美對於言論自由的限制，最為適當，有在此介紹的必要。英國名新聞記者斯梯德（Mr. Steed）曾說過：『英國沒有明顯的確認出版自由的法律，但有不少法律限制出版的自由；如果僅是這樣的，新聞報紙對於法律，也無庸作不平之鳴，出版的自由並不多於也不少於各國市民在不觸犯法律的範圍內所欲為的自由。』的確，英國的言論自由，除了關於刑事法規方面的事項，例如妨害公務，洩漏機密，保護公衆道德，制止妨害社會秩序等，還有一九三四年的煽惑治罪條例及法律上的誹謗（Libel）受些限制外，大體上是很自由的。報紙的發行，不必要受任何行政機關的特許，在平時更沒有任何檢查制度的存在。美國人民所享受的言論著作出版的自由，比較英國更為廣大，因為在法律上有明顯的規定。

（一）出於善意的動機，并且為了正當目的，而刊佈眞實的權利；

（二）服從法律的勢力，而不須事前特許的出版權利；

（三）市民自由地刊佈其所欲爲的權利，并且是項行爲得受保護而不負任何責任；但依於出版物中瀆神，猥褻，或毀謗的性質，或者因其詐僞和惡意致妨害個人的地位名譽或金錢利益得構成公罪；

（四）基於憲法用言語發表意見和事實的自由，不受任何檢查或政府取締的支配。

第二節　幾個法律問題

所謂『人民有言論著作及出版之自由，非依法律不得限制之。』此處的法律，一般地講來當然專指出版法而言。所以我們研究新聞學的人，對於現行出版法，不得不加以研究。現在提出幾個問題，分述如下：

第一是報紙發行登記問題，就是報紙在發行之前，應先由發行人於第一次發行前，塡寫登記聲請書，呈由該報發行所在地的主管官署，於十五日內轉呈省政府或直隸於行政院的市政府核准後，始得發行。省政府或市政府接到該報登記聲請書後，應於二十八日內核定之，並請內政部發給登記證，報社接得登記證後，並應將登記聲請書抄送中央宣傳部登記。聲請書上應寫明下列事項：（一）報紙的名稱；（二）社務的組織；（三）資本的數目及經濟狀況；（四）發行所及印刷所的名稱及所在地；（五）發行人及編輯人的姓名、年齡、經歷及住所。

第二是限制登載事項的問題。據現行出版法第四章的規定，下列各項，均在限制登載之列：（一）意圖破壞中國國民黨或違反三民主義者；（二）意圖顚覆國民政府或損害中華民國利益者；（三）意圖破壞公共秩序者；（四）妨害善良風俗者；（五）禁止公開訴訟事件之辯論；（六）政府命令禁止或限制關於軍事外交或地方治安之事項。

第三是刑法上所謂誹謗罪問題。據我國現行刑法第三百十條的規定：『意圖散佈於衆而指摘或傳述足以毀損他人名譽之事者，爲誹謗罪，處以一年以下有期徒刑、拘役或五百元以下罰金。散佈文字圖畫犯前項之罪者，處以二年以下有期徒刑、拘役或一千元以下罰金。對於所誹謗之事，能證明其爲眞實者，不罰，但涉於私德而與公共利益無關者，不在此限。

又第三百十一條規定：『以善意發表言論，而有左列情形之一者，不罰。

一、因自衛自辯或保護合法之利益者；

二、公務員因職務而報告者；

三、對於可受公評之事，而爲適當之評論者；

四、對於中央及地方之會議或法院或公衆集會之記事，而爲適當之載述者。』

附錄一 出版法（民國二十五年十一月二十七日立法院通過）

第一章 總則

第一條 本法稱出版品者，謂用機械印版或化學之方法所印製，而供出售或散布之文書圖畫。

第二條 出版品分左列三種：（一）新聞紙，指用一定名稱，其刊期每日或隔六日以下之期間繼續發行者而言。（二）雜誌，指用一定名稱，其刊期每星期或隔三月以下之期間繼續發行者而言，但其內容以登載時事為主要者，仍視為新聞紙。（三）書籍及其他出版品，凡前二款以外之一切出版品屬之。新聞紙或雜誌之號外或增刊副刊等，視為新聞紙或雜誌。

第三條 本法稱發行人者，謂主辦出版品之人。

第四條 本法稱著作人者，謂著作文書圖畫之人。筆記他人之演述，登載於出版品或令人登載者。其筆記之人，視為著作人。但演述人予以承諾者，應同負著作人之責任。關於著作物之編纂，其編纂人視為著作人，但原著人予以承認者，應同負著作人之責任。關於著作物之翻譯，其翻譯人視為著作人。對於專用學校公司會所，或其他團體名義著作之出版品，其學校公司會所或其他團體之代表人，視為著作人、新聞紙所登載廣告啟事，以委託登載人為著作人。如委託登載人不明，或無負民事責任之能力者，以發行人為著作人。

第五條 本法稱編輯人者，謂掌管編輯新聞紙雜誌之人。

第六條 本法稱印刷人者，謂主管印刷事業之人。

第七條 本法稱地方主管官署者，在縣為縣政府，或市政府，在直隸於行政院之市為社會局。

第八條 出版品於發行時，應由發行人分別呈繳左列機關一份：（一）內政部，（二）中央宣傳部（三）地方主管官署，（四）國立圖書館及立法院圖書館。改訂增刪原有之出版品而為發行者，亦同。黨政機關之出版品，應依前二項規定分別寄送。

第二章 新聞紙及雜誌

第九條 為新聞紙及雜誌之發行者，應由發行人於首次發行前填具登記聲請書，呈由發行所在地之地方主管官署，於十五日內轉呈省政府或直隸於行政院之市政府，核准後始得發行。省政府或直隸於行政院之市政府，接到前項登記聲請書後，除特別情形外，應於廿八日內核定之，並轉請內政部發給登記證。內政部於發給登記證後，應將登記聲請書抄送中央宣傳部登記。聲請書應載明之事項如左：（一）新聞紙或雜誌之名稱，（二）社務組織，（三）資本數目及經濟狀況，（四）刊期發行新聞紙者，並應載明其版數，（五）發行所及印刷所之名稱及所在地，（六）發行人及編輯人之姓名，年齡，履歷及住所。

第十條　第九條所定應聲請登記之事項有變更者，其發行人應於變更後七日內按照登記時之程序，聲請變更登記。前項變更登記之聲請，如係變更新聞紙或雜誌之名稱，或發行人者，應附繳原領登記證，按照第九條之規定，重行登記。

第十一條　第九條及第十條之登記，不收費用。

第十二條　新聞紙中專以發行通訊稿為業者，地方主管官署於必要時得派員檢查其社務組織，及發行狀況。

第十三條　有左列情形之一者，不得為新聞紙或雜誌之發行人或編輯人：（一）國內無住所者，（二）禁治產者，（三）被處徒刑或一月以上之拘役在執行中者，（四）褫奪公權者。

第十四條　有左列情形之一者，得禁止其為新聞紙或雜誌之發行人或編輯人：（一）因違反第二十一條之規定受刑事處分者，（二）因貪污或詐欺行為受刑事處分者。

第十五條　新聞紙或雜誌廢止發行者，原發行人應按照登記時之順序，聲請註銷登記。新聞紙逾所定刊期已滿二個月，雜誌逾所定刊期已滿六個月尚未發行者，視為廢止發行。

第十六條　新聞紙或雜誌應記載發行人之姓名，登記證號數，發行年月日，發行所，印刷所之名稱及所在地。

第十七條　新聞紙或雜誌登載之事項，本人或直接關係人請求更正或登載辯駁書者，在日刊之新聞紙應於接到請求後三日內更正，或登載辯駁書，在其他新聞紙或雜誌應於接到請求後，第二次發行前為之。但其更正或辯駁之內容，顯違法令或未記明請求人之姓名住所，或自原登載之日起，逾六個月而始行請求者，不在此限。更正或辯駁書之登載，其地位應與原文所登載者相當。

第三章　書籍及其他出版品

第十八條　書籍或其他出版品，應於其末幅記載著作人發行人之姓名住所，發行年月日，發行所，印刷所之名稱，及所在地。

第十九條　通知書，章程，營業報告書，目錄，傳單，廣告，戲單，秩序單，各種表格證書證券及照片，不適用第八條之規定。

第二十條　有關政治之傳單或標語，非經地方主管官署許可，不得印刷發行。

第四章　出版品登載事項之限制

第二十一條　出版品不得為左列各款之記載：（一）意圖破壞中國國民黨或違反三民主義者，（二）意圖顛覆國民政府或損害中華民國利害者，（三）意圖破壞公共秩序者。

第二十二條　出版品不得為妨害善良風俗之記載。

第二十三條　出版品不得登載禁止公開訴訟事件之辯論。

第二十四條　戰時或遇有變亂及其他特殊必要時，得依國民政府命令之所定禁止或限制出版品關於政治軍事外交或地方治安事項之登載。

第二十五條　以廣告啟事等方式登載於出版品者，應受前四條所規定之限制。

第五章　行政處分

第二十六條　不為第九條之聲請登記，或就應登記之事項，為不實之陳述而發行新聞紙或雜誌者，得停止該新聞紙或雜誌之發行。不為第十條之聲請變更登記而發行新聞紙或雜誌者，得於其為合法之聲請登記前，停止該新聞紙或雜誌之發行。

第二十七條　前條所定之處分，其出版物在縣政府或市政府所在地發行者，應同時由該縣政府或市政府呈請省政府核准，在省政府或直隸於行政院之市政府所在地發行者，應同時由該省政府或市政府咨請內政部核准，方可執行，省政府核准執行者，應咨報內政部備案。

第二十八條　內政部認出版物載有第二十一條所列事項之一，或違背第二十四條所定禁止或限制之事項者，得指明該事項禁止出版品之出售及散佈，並得於必要時扣押之。依前項規定扣押之出版品，如經發行人之請求，得於刪除該事項之記載或命令解除時返還之。第一項所定其情節較輕者，得由地方主管官署呈准該管省政府或市政府予以警告，並由該省政府及市政府轉報內政部。

第二十九條　地方主管官署在有前條第一項之出版物，如認為必要時，得暫行禁止該出版品之出售散布，或暫行扣押。同時呈由省政府或直隸於行政院之市政府轉報內政部核辦。

第三十條　前條所定之處分，其出版品如為新聞紙或雜誌，在縣政府及市政府所在地發行者，應由該縣政府或市政府呈請省政府核辦，在省政府或直隸於行政院之市政府所在地發行者，應由該省政府或市政府請內政部核辦。

第三十一條　國外發行之出版品，有應受第二十八條之第一項或第三十四條第一項處分之情形者，內政部得禁止其進口。依前項規定禁止進口之出版品，省政府或市政府得於其進口時扣押之。

第三十二條　因新聞紙或雜誌所載事項依第二十八條第一項之規定之處分，而其情節重大者，內政部得定期或永久停止其新聞紙或雜誌之發行。違背前項禁止而發行之新聞紙或雜誌，地方主管官署應扣押之。

第三十三條　扣押書籍或其他出版品，於必要時，得並扣押其底版。依前項規定扣押之底版，準用第二十八條第二項之規定。

第三十四條　出版品之記載，除有觸犯刑法規定，應依法辦理外，其有違反第二十二條之規定情形較為重大者，內政部，或地方主管官署呈經內政部核准，得禁止其出售散布，並得於必要時扣押之。前項出版品，如為新聞紙或雜誌，並得定期停止其發行。

第三十五條　發行人違背第八條第一項或第二項之規定，不呈繳出版品者，處三十元以下罰鍰。

第三十六條　發行人不為第九條或第十條之聲請登記而發行新聞紙或雜誌者，處一百元以下罰鍰。

第三十七條　第十三條各款所列之人，或有第十四條各款情形之一，而受禁止之人發行或編輯新聞紙或雜誌者，處一百元以下罰鍰。

第三十八條　發行人違反第十五條第一項之規定者，處二十元以下罰鍰。

第三十九條　出版品不爲第十六條或第十八條所規定之記載，或記載不實者，處發行人一百元以下罰鍰。

第四十條　編輯人違反第十七條之規定者，處一百元以下罰鍰。

第四十一條　新聞紙因受本章所定之行政處分機關之上級官署訴願時，該官署應於接受訴願後卅日內予以決定。

第六章　罰則

第四十二條　發行人或印刷人違反第二十條之規定者，處一百元以下罰金。

第四十三條　違反第二十一條之規定，處發行人，編輯人，著作人，及印刷人，一年以下有期徒刑，拘役，或一千元以下罰金，但其他法律規定有較重之處罰者，依其規定。

第四十四條　違反第二十二條或第二十三條之規定者，處編輯人或著作人拘役或三百元以下罰金。

第四十五條　違反第二十四條所定之禁止或限制者，處發行人編輯人及印刷人一年以下有期徒刑，拘役，或一千元以下罰金。

第四十六條　出版品爲新聞紙或雜誌時，著作人受第四十三條處罰者，以對於其事項之登載具名負責者爲限，受第四十五條處罰之著作人亦同。

第四十七條　違背第二十六條所定之停止發行命令，發行新聞紙或雜誌者，處二百元以下罰金。

第四十八條　妨害第二十九條所定扣押處分之執行者，處二百元以下罰金。

第四十九條　發行人違背第二十八條第一項所定之禁止者，處一年以下有期徒刑，拘役或一千元以下罰金。其知情而出售或散布該項出版品者，處六年以下有期徒刑，拘役，或五百元以下罰金。違背第三十一條第一項所定之禁止，又知情而輸入出售或散布該項出版品者，準用前項規定，分別處罰。

第五十條　妨害第二十八條第一項，第三十一條第二項，第三十二條第二項，第三十三條所定扣押處分執行者，處六月以下有期徒刑拘役，或五百元以下罰金。

第五十一條　發行人違背第三十二條第一項之禁止者，處一年以下有期徒刑，拘役或一千元以下罰金。其知情而出售或散布該項新聞紙或雜誌者，處六月以下有期徒刑，拘役或五百元以下罰金。

第五十二條　本法所定各罪之起訴權，逾一年而不行使者，因時效而消滅。

第五十三條　第四十五條之情形，其起訴權之時效期間自發行日起算。

第七章　附則

第五十四條　本法施行細則，由內政部定之。

第五十五條　本法自公布日施行。

附錄二　中央黨部宣傳品審查標準

二十一年五月三十一日第四屆中央執行委員會第二十二次常務會議通過
二十一年十一月二十四日第四屆中央執行委員會第四十八次常務會議增訂

（一）適當的宣傳：

1. 闡揚　總理遺教者；
2. 闡揚本黨主義者；
3. 闡揚本黨政綱政策者；
4. 闡揚本黨決議案者；
5. 闡揚本黨現行法令者；
6. 闡揚一切經中央決定之黨務政治策略者。

（二）謬誤的宣傳：

1. 曲解本黨主義政綱政策及決議者；
2. 誤解本黨主義政綱及決議者；
3. 思想怪僻或提倡迷信足以影響社會者；
4. 紀載失實足以淆惑觀聽者；
5. 對法律認可之宗教，非從事學理探討從事詆毀者。

（三）反動的宣傳：

1. 爲其他國家宣傳，危害中華民國者；
2. 宣傳共產主義及鼓動階級鬥爭者；

3. 宣傳無政府主義，國家主義及其他主義，而有危害黨國之言論者；
4. 對本黨主義，政綱，政策，及決議，惡意詆毀者；
5. 對本黨及政府之設施，惡意詆毀者；
6. 挑撥離間，分化本黨危害統一者；
7. 誣衊中央，妄造謠言，淆亂人心者；
8. 挑撥離間及分化國族間各部分者。

附錄三　新聞檢查標準

二十二年十月五日第四屆中央執行委員會第九十一次常務會議通過

（一）關於軍事新聞應扣留或刪改者：

1. 關於我國高級軍事機關，要塞，堡壘，軍港，軍艦，軍營，倉庫，飛行場港，兵工廠，造船廠，測量局，及其他國防上建築物之組織，及設備情形，與其應祕密之地點。
2. 關於國軍預定實施之軍事計劃及一切部署。
3. 關於國軍之兵力兵種番號，與其行動駐紮及軍用品之輸送起卸地點或籌備情形。
4. 關於高級指揮官之行蹤，及其祕密之軍事談話。
5. 關於各級軍事機關有關軍事祕密之會議與紀錄。
6. 關於敵我軍情與事實不符之記載。
7. 關於新式武器及軍事工業之發明。
8. 其他不利於我方之軍事新聞。

（二）關於外交新聞之應扣留或刪改者：

1. 凡對我國外交有不利影響之消息，尚未證實或已證實不確者。
2. 凡外交事件正在祕密進行中，其消息或文件，尚未經外交部正式或非正式公佈者。

（三）關於地方治安新聞應扣留或刪改者：

1. 搖動人心，引起暴動，足以釀成地方人民生命財產之重大損失者。

2.故作危言，影響金融，足以引起地方人民日常生活之極度不安者。

3.對於中央負責領袖加以無事實根據之惡意新聞及侮辱，以損害國府信用者。

(四)關於社會風化新聞之應扣留或刪改者：

1.關於淫盜之紀載，特別描寫，以煽揚猥褻凶惡之影響者。

2.其他妨害善良風俗者。

附註：一、各新聞檢查所檢查新聞，除遵照以上規定外，並須依照出版法及宣傳品審查標準第二項第三項之規定。

二、各新聞檢查所檢查新聞仍須隨時遵照中央宣傳委員會頒布注意之要點。

三、各報社新聞須以中央通訊社消息爲標準。

附錄四 新聞記者信條

——爲威廉博士(Drwalter Williams)所手訂

(一)吾信報業乃職業。

(二)吾信公衆新聞紙爲公衆信托，凡與有關係者——以盡量責任而言——皆公衆委任人。凡不受公衆役務而受較輕之役務者，皆辜負責此種信託。

(三)君信明思明論，正確與公平爲優美報學之基礎。

(四)吾信上人之寫作，當限於其心中持以爲眞者。

(五)吾信遏止新聞而不爲社會幸福設想者，難爲辯護。

(六)吾信報人之落筆無君子之不當言者，屏去本人手冊之賄賂——如屏去他人手冊之賄賂，個人責任，不得因他人之指揮或酬勞而放棄。

(七)吾信廣告新聞及評論欄，均須爲讀者謀極端福澤。全部分須眞實純潔，而有唯一之標準，以公衆服務爲優美報業之高等試驗。

(八)吾信報業之成功最佳而最應成功者，畏天而敬人，獨立不撓，輿論之狂傲，權勢之貪婪，無足以動之。其爲業也，爲建設的寬恕而不苟，自束而忍耐，始終對於讀者，敬而無畏心，對於不公不義必憤怒之不爲權利引誘，不爲民亂搖動。凡法律，忠實工資及人類互助方面所能爲者，總期予人人以一機會——一相等之機會。

現代新文學概論終

图书在版编目（CIP）数据

现代新闻学概论 / 储玉坤著. —北京：中国传媒大学出版社，2018.3
（中国近代新闻学名著系列丛书 / 芮必峰主编）
ISBN 978-7-5657-2249-3

Ⅰ.①现… Ⅱ.①储… Ⅲ.①新闻学 Ⅳ.① G210

中国版本图书馆 CIP 数据核字（2018）第 042613 号

中国近代新闻学名著系列丛书
芮必峰 主编
现代新闻学概论
XIANDAI XINWENXUE GAILUN

著　　者　储玉坤
策划编辑　司马兰　姜颖昳
责任编辑　姜颖昳
封面设计　拓美设计
责任印制　阳金洲

出版发行　中国传媒大学出版社
社　　址　北京市朝阳区定福庄东街 1 号　　邮编：100024
电　　话　86-10-65450532 或 65450528　　传真：010-65779405
网　　址　http://www.cucp.com.cn
经　　销　全国新华书店

印　　刷　北京华联印刷有限公司
开　　本　787mm × 1092mm　1/16
印　　张　15
字　　数　220 千字
版　　次　2018 年 6 月第 1 版　2018 年 6 月第 1 次印刷

书　　号　ISBN 978-7-5657-2249-3/G · 2249　　定　　价　78.00 元